留学顾问话留学

Liuxue Guwen Hua Liuxue

翁燕文 李秉康 | 著

山东人民出版社
国家一级出版社 全国百佳图书出版单位

图书在版编目（CIP）数据

留学顾问话留学／翁燕文，李秉康著．—济南：山东人民出版社，2015.8

ISBN 978－7－209－09047－6

Ⅰ．①留… Ⅱ．①翁…②李… Ⅲ．①留学教育－基本知识—世界 Ⅳ．①G649.1

中国版本图书馆CIP数据核字（2015）第159175号

留学顾问话留学

翁燕文　李秉康　著

主管部门　山东出版传媒股份有限公司
出版发行　山东人民出版社
社　　址　济南市胜利大街39号
邮　　编　250001
电　　话　总编室（0531）82098914
　　　　　市场部（0531）82098027
网　　址　http://www.sd-book.com.cn
印　　装　莱芜市华立印务有限公司
经　　销　新华书店

规　　格　16开（169mm × 239mm）
印　　张　11
字　　数　200千字
版　　次　2015年8月第1版
印　　次　2015年8月第1次
ISBN 978－7－209－09047－6
定　　价　22.00元

序　温元凯

留学，已经从中介包办的感性时代逐步进入了咨询设计的理性时代。我赞同翁燕文老师和李秉康老师的想法，我们应该站在教育的高度，从孩子的真实成长出发思考孩子的留学问题，我们应该告诉孩子及家长留学的真实。

伴随着越来越激烈的留学竞争，学生的社会实践活动越来越引起大家的关注。学生的慈善活动、志愿者活动、见习实习活动以及模拟联合国、学生领袖大会等在一些走在教育国际化前列的学校或地区如火如荼地开展起来。这本来是好事，但由于我们中的一些人不明白留学的真实目的，这些活动的良好初衷被异化了，把原本是成长的途径当作了目的。于是，为活动而活动，甚至不惜冒险而弄虚作假。为了让自己的孩子有出色的留学标化考试的成绩，为了让自己的孩子拥有个性以吸引国际牛校招生官的眼球，家长们殚精竭虑、绞尽脑汁、挖空心思。这本来也不是坏事，但我们中的一些人唯“绩”是图，使孩子跳出了国内应试教育圈子却跳入了“洋应试教育”火坑。

都说中国学生不缺高分、知识和奖项，那么为什么青年一代在经济领域、科技领域，还有其他领域的牛人不多呢？都说中国学校不缺社团，中国孩子不缺兴趣和潜能，为什么当代的学生除了啃老慕富，言必称高富帅、行必按高大上之外就不如“八十年代新一辈”那样意气风发斗志昂扬呢？都说中国的学生不缺团队精神、合作品质和慈孝之心，那么为什么越来越多的孩子不关心民族存亡、社会改革、家庭变迁、父母冷暖呢？我们缺的是真实。当孩子失去真实，高分、奖项、知识、社团、兴趣，潜能、合作、慈孝、国际视野、领袖品质等，看似有，实则无。

所以，作为老师，作为家长，我们应该像翁老师、李老师那样，讲教育的真话，讲留学的真话。

2015 年 2 月 2 日

自序（一）

写一本实际有用的书，告诉大家留学的真实，这是我几年前就有的一个心愿。

在留学的现实世界里，潜意识里认为“留学，孩子只要读好外语就行”的人还是很多。许多家长对托福（TOEFL）考试、对雅思（IELTS）考试了如指掌，每每谈起，甲乙丙丁，子丑寅卯，滔滔不绝，甚至连托福考试和雅思考试的时间表都能倒背如流。至于孩子留学，除了准备外语之外还得准备些什么，留学怎样规划，如何安排议事日程，知道的并不多。至于如何把孩子的留学问题放在成长的范畴里考虑、放在教育的范畴里考虑，家长懂的就更少了。

教育国际化的进程在加快，无论是高等教育还是基础教育，我们已经有意识地开始寻找教育的国际标准。跳出传统的人才培养的旧模式，真实了解国际教育对人才培养的要求，我们在孩子成长设计中充分施展自己的聪明才智，才能在孩子出国议事日程的安排上跳出“外语”这个小圈子，从孩子真实成长和未来幸福的高度，关注留学问题，制订留学计划。

在这些年留学咨询的实践中，我深深体会到家长在孩子成长中的巨大作用。家长视野的宽窄、境界的高低、能力的大小和思想的深浅，对孩子人生成败的影响越来越大。在教育发达地区，家长群体里，有许多人凭借自己对孩子成长的“实验”已经成了孩子成长设计和留学规划方面的专家，有很多家长，教育认识水平、成长规划和留学指导的能力超过了教师，这是很让人感到欣慰的事。

几年过去了，我把自己在各国访问学习中的认知和想法记录成文字，把在国内的各种演说和讲座、咨询和答疑、博客和微信中讲过的话、写过的文章作一整理，编辑成了今天《留学顾问话留学》这本书。出版这本书，旨在帮助家长和教师了解留学领域的真实状态，并让大家从成长和教育的高度看留学；旨在让我们的孩子在自觉的留学行动中提高成功率，申请到理想的国外高校，实现幸福成长。全书分六章，第一章表明的是成长需要设计的思想，第二章强调的是孩子人文品质的重要，第三章介绍了作为家长必须了解的若干留学常识，第四章希望通过揭示一些教育问题的本质让更多的教师重视孩子留学问题，第五章强调留学动态的跟紧，第六章列举留学成功案例以引发大家更深刻的留学思考。

两年前我同我先生一起出版了《不只是留学》（浙江大学出版社）一书，目的是帮助大家初步认识留学；今天我们出版这本《留学顾问话留学》，目的是让大家在纷繁芜杂的留学世界里了解留学实际，提高鉴别真伪的能力，谓之“留学真话”亦可。

翁燕文

2015 年元月

自序（二）

我还想同教师朋友们说说心里话。

现代化的教育呈现了多元化、国际化和信息化的趋势，教师，特别是我们外语教师，应该顺应这种发展的趋势，跟上教育发展的步伐。留学生家长论坛上有家长这么说：

要把孩子培养成国际人，目前我们还是不能把希望全寄托于学校，因为学校承载不了我们的全部希望。大多数教师不懂国际课程，他们说不清 IB 课程、A-level 课程、AP 课程，更说不清 OSSD 课程、GCSE 课程，说不清托福、雅思、SAT、GRE 和 GMAT 等标化考试问题。他们不懂留学申请中 PS 写作和 ESSAY 写作的技巧，无法指导孩子们出国留学。

是啊，教师应该是教育问题的行家和专家，我们没有理由不懂留学。倘若我们还是用当年大学毕业刚进入教育教学领域时那一套方式方法应对当今的教育，倘若我们还是多年前的教育理念与我们的学生一起学习生活，我们一定会被孩子们说 OUT 了。现在的孩子经历了 MP3 到 iPod，iPad1 到iPad3的时代，手里的移动电话，已经从 iPone3 变成了 iPone6。从《名侦探柯南》到《哈利·波特》再到《暮光之城》，孩子们的精神世界也已经发生了巨大（甚至是颠覆性）的变化。外语课堂，十几年前所谓的“启发式”，早已成为“过去时”；班主任的品德评语，也大多以别样的形式丰富了、拓展了。所以，我们必须问问自己，我们，多元了吗？

教育的国际化领域在不断拓展，从学生和老师的交流互访到教育国际项目的“落户”再到目前整个教育模式的迁移，速度之快似乎超出了我们的预期。诺丁汉大学、纽约大学在国内建成分校之后，必然是更多的国外名校的“到来”。大学之后呢？大学之后会有中学的“到来”。来了之后呢？来了之后还会有“出去”。所以，我们应该问问自己，我们，国际化了吗？

老师生活不富裕，但无论如何不能没有智能手机。此观点，我非常赞同。信息化是以信息化的技术支撑的，离开了这些具体的信息化技术，我们就很难信息化了。老手机的确还可以用，而且我们已经用得很娴熟了，但是，“老的不去新的不来”，这“新的”指的不仅仅是新的物品，这“新的”指的是新的理念、新的态度、新的学习生活的方式，也就是作为现代人的新的必要元素。有人说，没有“iPhone”之类，我照样有新理念、新态度、新生活。话是这么说，但离开了物质的现代化，我们往往会很快被边缘化。人是在不以为自己落后的时候落后的。

日常繁重的教育教学，让我们老师无暇顾及身边变化着的生活，无暇留意教学之外的美好事物。我们的“专业”变成了“专一”，我们的“顽强”变成了“顽固”，我们在孜孜不倦地追求卓越中变得平庸。这种“失去灵魂的卓越”，不是我们想要的。如果我们不想让晚辈视为平庸，不想让后人视为“失去灵魂”，我们就必须不断超越自己。

由于长期来对教师行业空洞的褒扬的积淀，人们慢慢开始产生一种对教师的错觉，许多人以为今天教师已经拥有了体面的收入和该有的地位，事实上，我们并没有人们想象的那么光鲜。这不能怪谁，我们得认真审视自己，发现自己的不足，去挣扎、去痛苦、去拓展、去涅槃。我们不能让自己离现代生活越来越远，我们不能总守在教育的四角天空里，想象并渴望着外面世界的精彩却又没有能力与勇气走出去呼吸开放的空气。

教师，应该拓展自己的视野。

教学之外，专业之内，电影电视、微信微博、出国留学、人生规划、成功案例……

为了营养的平衡，我们得吃一些自己不喜欢吃的食物；为了拓宽视野，我们得读一些自己不大喜欢读的书；为了跟上教育发展的步伐，我们得尽可能多地了解自己不一定喜欢的教育教学之外的世界。

翁燕文

2015 年元月

目　录

第一章　在设计中实现孩子的成功留学

成长的“自然”与“放任”

“自然成长论”者强调成长的自然，法国哲学家让·雅克·卢梭（Jean Jacques Rousseau，1712－1778）也有类似的论述。阿诺德·格塞尔（Arnold Gesell 1880－1961）从生物学的视角提出自然成熟论，霍华德·加德纳（Howard Gardner，1943－　）进一步发展了这种自然成长的理论，他认为：教育不可能导致天赋差异的改变，教育只能正视并接受这种差异的存在。成长是一个过程，需要耐心等待。

尊重孩子，应该尊重孩子成长发展的自然规律。“顺其自然”“尊重自然”当然是教育的重要法则。让孩子放松地去玩去接触事物，大胆地去尝试去实践。倘若家长和教师非得把孩子的思想和行为纳入自己设计的轨道，那么，孩子就会像《病梅馆记》中的梅树一样，“斫直、删密、锄正”必然导致“文人画士之祸之烈至此哉”。

但我想说的是：自然成长不是放任成长。网上许多人把成长中的自然和规律问题简单地等同于放任（许多文章就是这样大言不惭地打出“放任成长”的标题）。

一天黄昏，南太平洋的小岛上，一只幼龟探头探脑地爬出来。一只老鹰直冲下来，一位好心的游客连忙跑过去赶走老鹰，护着小龟爬进大海。可是，意想不到的事情发生了，沙穴里成群的幼龟鱼贯而出——原来，先出来的那幼龟是个“侦察兵”，一旦遇到危险，它便缩回去，现在它安全到达大海的错误信息使众幼龟争先恐后地爬到毫无遮挡的海滩。好心的游客走了，那老鹰又飞回来了，还有许多老鹰也跟过来了……

好心的游客的确犯了一个错误，因为他没有把握小海龟成长的自然规律。倘若有人知道小海龟成长的这一规律（或者该游客下次再碰到这种情景），是一旁静静守候还是为小海龟驱散老鹰呢？世界上任何生物成长的成功率都不可能达到百分之百，在纯自然的环境下成功率更低。

一个孩子看到蛹在茧里痛苦地挣扎，于心不忍，于是用剪刀把茧剪开。他一心想帮助蛹儿早点挣脱束缚，获得新生。但是事与愿违，过早脱离了茧的蛹儿，再也没机会变成美丽的蝴蝶，飞于天地之间了。孩子的一片好心却为蛹儿酿造了苦果……

这个孩子同样犯了一个错误，因为他不懂化蛹为蝶的规律。但倘若有人知道这个规律（或者这孩子下次再碰到这种情形），他又会怎样做呢？

任何生物在纯自然成长的过程中都有可能出现与健康成长不利的状态，比如梅树，它的每一个枝条每一撮茎叶不可能都符合成长的最优化原则。教育的本质是什么？教育的本质就是在努力发现并把握孩子成长发展的规律的前提下，营造符合这种规律的成长环境，促进孩子的成长并提高成长的成功效率。

所以，自然成长不是放任自流。那些美其名曰“素质教育呼唤自然成长”，实际上是懒惰的推卸责任的“放任成长”，或者把“自然成长”中的“自然”过分强化致使教育走向另一个极端的人，都没有真正科学地对待“自然成长”问题。

在“可预设”与“不可知”之间

为什么越来越多的有条件的高考生选择港澳的大学？为什么越来越多的留学生找工作首选美英加澳日韩等国？我们会说，港澳的学习资源丰富，国外的生活条件优越，薪酬高，等等。其实，问题并不是那么简单，我在这里提出“理想论”，对越来越猛烈的留学潮作一个新的解释，供大家参考。

作者在宁波天一大讲堂做讲座

武汉大学老校长刘道玉召集“‘理想大学’专题研讨会”，嘉宾当然是教育界有影响的专家和学者，有上海师范大学前校长杨德广、北京师范大学前副校长顾明远、南方科技大学校长朱清时、厦门大学教授易中天等。北京大学钱理群教授为了应和刘道玉的观点——“北大清华再争状元就没有希望”而作了鞭辟入里的分析，他说：“我们的一些大学，包括北京大学，正在培养一些‘精致的利己主义者’，他们高智商，世俗，老到，善于表演，懂得配合，更善于利用体制达到自己的目的。这种人一旦掌握权力，比一般的贪官污吏危害更大。”

现在的学生越来越现实，现实过了头，就是势利。钱理群教授犀利的抨击的背后，蕴藏着对大学教育呼唤理想教育的良苦用心。什么是理想？什么是抱负？我们可以作出许多解读，但我们认为理想的“可预设”与“不可知”的本质属性不能淡化和抹杀。理想，就是介于“可预设”和“不可知”之间的事物。不可预设的，不是理想；完全可知的，也不是理想。

回到孩子成长设计的话题上来，教育中，我们可以淡化“理想”“抱负”等那些在“90 后”“00 后”们看来已经 OUT 了的字眼，但把孩子们放到对未来的“预设”与“不可知”之间去设计去筹划的方法不能丢。也就是说，我们可以回避那些“标签”，但我们不能放弃理想教育的本质。因为“可预设”，所以有信心；因为“不可知”，所以更向往能生成发展和追求的动力。两者相辅相成，缺一不可。太强调未来的“可预设”，孩子们就会变得现实；太强调“不可知”，孩子们会变得虚无和好高骛远。之所以大学生逐渐变得“现实”甚至“势利”，就是因为“可预设”过了头。上重点学校之后是上重点大学，路是既成的，可预设的，只要投入足够的人力、物力。毕业后首选公务员，不成，选事业单位，不成，再选大公司大集团。套路很明显，步伐很稳健。十年甚至二十年之后的生活状态，今天就能描绘，甚至可以说出细节。为了未来生活中这些“细节”的实现，不惜一切努力。继而便会产生竞争的不择手段，拼爹拼爷，拼出许多让人觉得不合情理甚至反人类的“新闻”。

“可预设”过了头，人会变得现实乃至势利。

比起国内的大学来，进入港澳的大学会使自己的未来生活相对“不可知”，因而更具向往感；比起公务员来，在美英加澳日韩等国寻找工作更有“不可知”的吸引，所以留学潮越来越汹涌，更多的优秀毕业生更加向往到国外发展自己的事业。上海复旦大学附属中学2011届毕业生前100名学生中有54名学生选择了出国留学，2011年香港大学内地毕业生只有9%回内地工作。我们分析这些现象，应该追问本质。优越的学习、工作条件，相对自由宽松的环境等，都不是问题的本质所在。理想，理想教育，这是现在的教育迫在眉睫的问题。

“人往高处走”，无可厚非，因为“高处”一定是“可预设”又“不可知”的给人以自信和向往的地方。

创造是“有中生有”，成长也是

有人说，上帝创造世界不是无中生有，是有中生有。

是的，上帝创造之前，已经有了“有”，这“有”就是黑暗和水。水中生物，地上活物，青草树木果蔬，显然都不是无端的捏造。造人，更是有中生有。上帝造人时说：“我要照着我的形象，按着我的样式造人。”人类所有的创造，“无非鸡生蛋蛋生鸡至于没完没了”（网络语）。

我们把创造前相关的形态，称之为“有”，人类的意识能动性使物质由其原来的形态转变成另一种形态，这变成另一种形态就是“生有”。因此，从这一意义上说，所有的创意、创新、创造都是“有中生有”。

以前的课堂里，我们的老师告诉我们说：学习重要的是生成能力，要生成能力就得学习掌握知识，没有一定的知识是不会生成一定的能力的。其实这也是“有中生有”的原理。现在的网络和数码，改变了我们的生活，面对太多太多的知识，我们感觉到自己的渺小和微不足道，于是就有了诸如“把无用的知识从大脑中清除”“淡化知识的记忆，强化获取知识的途径和方法”“重要的是学习方法”等理念，再加上教育界对应试教育中“死读书”“题海战术”“填鸭式”等等的批判，我们开始渐渐淡化了“知识”。倘若我们说应试教育时代只是强调学生知识的“死积累”，那么现阶段的应试教育（称之为“后应试教育时代”或“新应试教育时代”），连知识的积累都淡化了，追求不以“知识积累”为目标的空洞的能力提升。这话有点偏激，但我们的教育“在虚拟世界中模仿”着，我们的课堂里有许多无本之木的“能力”教学的存在却是不争的事实。培养学生的创新能力，要“有中生有”，所以我们的自主课堂也好，高效课堂也罢，既要强调“生有”，更应强调“有中”。

没有一个家长不希望自己的孩子长大后成为一个高素质高品位的人才，但高素质高品位这一“生有”，绝对不能离开那些无数具体的繁琐的“有中”。我们一方面追求孩子的艺术素养，另一方面又从“减负”和反对应试教育的角度抨击把各类琴训画训舞训声训集孩子课外训练于一身的“残忍”做法；我们一方面追求孩子的独立意识，另一方面却为了培养父母与孩子的互爱或让孩子更多享受父母的关爱而拒绝接受学校的寄宿制；我们一方面追求孩子的领袖品质以实现孩子“人上人”的目标，另一方面又为过多的社会活动影响孩子的成绩而想方设法为即将毕业的孩子卸去身上的学生干部的官职而努力……我们纠结在许多“想……却不”的矛盾的处事公式里。所以，我们以为，残忍也好，寄宿也罢，还有学生干部官职的有无，都不是真正的教育问题，只要孩子有意愿有欲望有动力，一切都是可以商量的。只要孩子有意愿有欲望有动力，学生干部的工作影响考试几分又怎么样呢？什么好的东西都想得到，又什么不利的因素都要回避，天底下没有这样“免费的午餐”。我们要“生有”就得有“有中”，离开了这些琴棋书画文、忠义孝悌礼的“有中”，那么孩子成长后的高素质高品位的“生有”，一定是空中楼阁。

当今的家庭教育，我们要从无为的“是应试教育还是素质教育”的争论中解放出来，去研究解决孩子学习成长中动力生成这样的教育真问题。叶圣陶先生在《小学教育的改造》一文中指出：“欲望是人生活动的原动力。”人类“渡水不得，便想造船；致远累事，便想造车”。科学技术的进步也是由欲望而催生，孩子的成长发展也是这个道理。我们要在“有中生有”的理念下，脚踏实地地设计并实施孩子的成长计划。

让孩子自信,教孩子多说

我们用“初生牛犊不怕虎”来赞赏孩子的闯劲和决心，这很有必要，但从孩子成长教育的角度，我们应该更多地考虑“不怕虎”之后怎么办。

诺曼·文森特·皮尔（Norman Vincent Peale）在《积极思考的力量》（The Power of Positive Thinking）一书中说：“首先，你要想象一下自己成功后是什么样子，然后，你要牢牢记住它，把它刻在心里。”皮尔博士说：“永远记住你成功的画面，永远不要让它在你的心中褪色。潜意识中，你将努力向你刻画的方向发展。”这里的“永远”，就是持续、恒久，就是树立信心后计划和行动的持续跟进。

当孩子的成长遇到问题的时候，当孩子的发展碰到困难的时候，这不是一个“不怕”就能解决的。信心是成功的必要条件，不是充要条件。面对孩子，我们可以用“只要有信心”“面包会有的”之类的话语鼓励孩子，但我们必须理性地考虑孩子的“下一步”。

面对孩子一次次考试成绩的不理想，面对孩子一次次的犯错，许多家长很沮丧，但一经所谓的“启发开导”，一旦孩子表现出一种自信、一种决心，家长便欣慰，便等待，不久就弱化了解决问题的决心，甚至以为问题已经得到了解决。孩子的火热的干劲在一段时间内的确让人感动，久而久之，热情燃尽，碰到同样的困难或考试再一次来临，孩子旧病复发或成绩还是不理想。于是，老师就对孩子失去信心，家长便抱怨自己的孩子与别人家的孩子不一样，并确信自己的孩子“没办法了”。

成长过程中，这样的孩子很多，这样的家长也很多。

想起了一个故事：

一个地毯商发现地毯中间鼓起了一个很大的包，于是他用脚把它弄平了，可是在不远的地方又鼓起了另一个包，他又急忙把包弄平；不一会儿，在一个新的地方又鼓起了一个包……他一次又一次弄平，地毯又一次一次鼓起。他索性掀起地毯的一角，一条生气的蛇爬了出来……

我们当老师做家长的，有时会有孩子成长的许多“锦囊妙计”，但有时我们因为这样那样的原因而虎头蛇尾。因此，在这里我们必须强调，“不怕虎”之后必须跟进具体的“打虎计划”，而且这计划必须以对问题的“彻底了断”为目标。倘若我们以孩子对错误和困难有了认识为满足，或者认为孩子已经有了强大的决心就可以“放心”了的话，我们的美好等待可能仍旧是镜中花水中月。是的，教育就是等待，教育就是在孩子一次次的错误中觉醒，教育就是在孩子一次次的失败中成功，但我们的目标是“成功”不是“失败”。为什么“不怕虎”之后没有“打虎计划”呢？究其原因，不是被“初生牛犊不怕虎”掩了眼就是我们教育孩子的惰性在作祟。比起“不怕虎”来，“打虎计划”更难，更需要老师和家长的认真投入。

有许多家长向老师这样述说：我的小孩，小学时（或初中时）很优秀的，进了初中（或高中）就没有了竞争的优势。其潜台词是：学校老师应该帮着找找原因。年段越低，竞争对手就越少，出色或优秀，比较容易。年段越高，遴选后的对手个个都是好样的。要在强手林立的环境里胜出，当然难了。老师希望所有的学生都一样出色，但实际上学生群体总是分为上中下的。家长要让自己的孩子在同学中胜出，就得自己承担起教育的责任。既要让孩子“不怕虎”，还要帮助孩子确立“打虎计划”，而且要投入精力监督实施这一计划。那些致力于让孩子进入 TOP5 或 TOP10 并获得成功的家长，无一不是计划制定和计划落实的高手。

初生牛犊不怕虎，那是因为牛犊的无知。牛犊犯错，错不仅仅在牛犊。孩子成长仅有决心和干劲是不够的。时代要求老师的勤奋和家长的用功，时代呼唤老师的智慧和家长的投入。我们必须清醒地认识到，仅有一时的信心是不够的，我们要帮助孩子树立自信并恒久地保持自信，要让孩子把自信刻在心里，一系列的计划和行动必须跟进。

有家长朋友谈起孩子的说与做的话题，说到他的孩子很会说很能说，相比较而言，做的就少了一点，所以他主张让孩子少说多做。笔者觉得这样做不妥。

我们从来就受到老师或前辈的训导，为人要少说多做。只有少说多做者才是脚踏实地的实干家，只有少说多做才是我们应该让孩子记住的人生座右铭。我们的教育就在这“少说多做”的教育里延续着。

说与做的关系有以下几种：

一是“只说不做”与“只做不说”。倘若我们的孩子只说不做，那当然是不行的；那么“只做不说”呢？倘若我们的孩子只做不说，那我们的孩子就成了机器人了，当然也不行。

二是“少做多说”与“少说多做”。乍一看“少做多说”者肯定比不上“少说多做”，这是我们的思维定势。其实在这里，我们得具体问题具体分析，我们要看说与做的数量。一个孩子，说了十件事做了六件事；另一个孩子说了两件事做了三件事。前者可谓“多说少做”，后者可谓“少说多做”，笔者认为后者未必强于前者。我们应该为前者说句公道话，毕竟前者做了六件事，后者做了三件事（我们且不论所做之事的质量问题）。“少说多做”的本意是强调“做”的重要，这没有错，但倘若我们的教育中反复强调“少说多做”，会使孩子在说与做的问题上走向极端。教育中有许多提法，起初是正确的，不断强调、反复强化，往往走向了反面。

三是“少说少做”与“多说多做”。孰优孰劣，不言自明。老实说，少做事总比多做事容易，少做事者总比多做事者生活得悠闲舒适。事物的发展、社会的进步，需要的是“多做事”。大家都不做事或少做事，看起来都平安“没有事”，但实际上会有“大事”。多做事者总会因为自己的“多做事”惹出许多“麻烦”（我们可以举出许多这样的案例），但麻烦是“麻烦”本身的，与“多做事”无关。创新者一般都“多做事”，所以创新者都会吃更多的苦、受更多的罪（历史上这样的伟大人物很多很多），但就是这些付出很大代价甚至付出生命的全部的人，促进了时代的进步，他们是社会发展、人类进步的“脊梁”。我们教育后代创新也好奋斗也罢，其本质上就是“多做事”“做难事”。我们要大力提倡“多说多做”，这是社会发展的正能量。

生活中，学习中，我们总是把“能说会道”者当作夸夸其谈，当作“牛皮”大王，这是一种错误的、不良的惯性思维，长此以往，会“沉淀”为我们民族的一种劣根性。质朴是中华民族的伟大所在，但我们伟大的中华民族仅有质朴是不够的。当我们有了一定的基础，我们为什么就不能追求更高级的目标？追求奢华，追求高贵，保持质朴，保持勤劳。我们的民族应该在辩证中前行。

当我们的孩子在演讲比赛中失败或在辩论中失利，我们才意识到孩子“说”的重要性，晚了。当我们的孩子面试中因为“说”得不好而被淘汰或者因为“说”的得分不高而与良好职位擦肩而过，我们才意识到孩子“说”得不够多，晚了。社会在发展，现代的生活要求我们在实现我们的理想和诉求之前先把理想和诉求“说清楚”。不会说，不行；不想说，也不行；最可怕的是因为“不会说”和“不想说”的不断积累导致的“没话可说”。“没话可说”，或者“说不出所以然”，都是没有主见没有思想的标志。在“没有思想”的情况下“多做事”，这做事的质量肯定是个问题；我们明知道孩子没有什么“思想”，却还在强化“少说多做”，那就更不利于孩子的成长了。

讷于言而敏于行的，不一定是实干家；敏于言而讷于行的也未必是空谈家。

今天的社会需要孩子既能做又会说，今天的生活迫使孩子既能说又能做。在说与做的问题上，我们要教育孩子，“多说多做”。

孩子的情感压力与抱怨

对孩子们来说，最大的压力是亲人的“情感压力”，最严酷的惩罚是老师和家长的“情感惩罚”。

《爸爸妈妈，对不起》的帖子是这样表达的：

“我已经告别了初中生活。今天晚上，我就这样一个人冷静下来，回看我已经走过的十几年，想着想着，就掉眼泪了。对不起，爸爸妈妈，我真的对不起你们……这一次中考，我505分，但是因为正好压着杭高（杭州高级中学）的分数线，历史科目不够高，没能进入一度梦想着的杭高。爸爸，妈妈，对不起，尽管你们根本没有要求我要考上杭高，但我还是觉得我这个孩子让你们失望了。对不起，我不会让你们再失望了，我愿意付出一切，去换来高考那一刻的成功。虽然我知道我这么说很肤浅，但我只是不想让你们失望……我只想有一天，我能成为你们的骄傲，我要用尽我的一切，去换来成功……”

一连三个“对不起”，让许多人唏嘘感动。

上小学了，父母告诉我们生活的不容易，我们自己便下河抓鱼摸螺蛳，换取两元五毛的钱交自己的学费。那时候，看着父母勤苦的身影，自然就会下定决心好好读书以换取生活的体面。读初中了，知道邻居家常劝父母“不要再让孩子读书了，让孩子早日参加工作”的含义。那时候读高中，某书记说了算，老大读了，老二老三就没份了。感谢高中学校的老师，当他们知道有一个爱读书的孩子被“名额”排除在校门外的时候，硬是通过“办法”让我们读了高中。当时有一个强烈的愿望，用自己优异的成绩和出色的表现，让老师们感到骄傲。

于是有了凌晨三四点钟起床读书的勤奋表现，于是努力争取当班长而且也真的当了班长。那些年，总觉得有一种热乎乎的东西暖着自己的心，总觉得有一种力量在推着自己。现在懂得了，这种热乎便是“感情”，这种力量叫作“情感”。

同温元凯教授在一起

80年代中后期，我们夫妻俩都在鄞县中学教书，我们有一个深切的体验，学校里那些出色的学生，大都来自于艰苦的鄞县东乡的咸祥、大嵩或西乡的山区。穷苦人家的孩子，父母大字不识一斗，为什么总能培养出引以为傲的儿子或女儿呢？情感，一旦有了“让父母和兄弟姐妹都过上好日子”的朴素的愿望，学习也好，奋斗也罢，就拥有了原动力。

情感不是用来“教育”的，“情感教育”的提法是有问题的。穷苦人家的父母无须长篇大论地教育，只要把苦难、勤劳、善良真实地呈现在孩子的面前，孩子们便会在一种真实的体验中生成一种取之不尽用之不竭的奋斗动力源。情感越朴素、越本真，就越有价值。

当一个家庭开始变得富裕，我们会不自觉地在“苦难、勤劳、善良”上打折扣，家庭生活中就会出现一种说和做不一致的教育。尽管我们总是避开孩子的直接的耳目，但这些负面的教育还是在潜移默化中侵蚀着孩子的心田。日积月累，势必降低父母对孩子的情感的质量，削弱父母对孩子的情感的力量。亲人的情感一经“打折”，孩子奋斗的动力自然减弱。无怪乎富裕起来的家庭，孩子大都不够用功；无怪乎勤奋读书的“拼命三郎”总是出在穷人家里。

值得一说的是，目前越来越多的家长开始学习教育学和心理学，在孩子教育的问题上懂得了许多诸如“情感惩罚”“情感压力”等的教育学知识。用知识，可以；玩知识，不可。教育可以研究、可以探讨、可以改变，但不可以“玩”；情感可以研究、可以探讨、可以改变，但不可以“玩”。情感，不能玩。富人装穷，“装”出了一个成功考取重点大学的儿子，成为大家羡慕的对象。羡慕之余，我们应该清醒地认识到“装”的风险。我们有时为了达到更好的教育效果，略施“情感压力”之小技，往往只是看重孩子教育的眼前利益而缺乏长远的目光。

“爸爸妈妈，对不起”里，有成功，也有失败。大家都会说情感压力、情感惩罚是教育的必需，但要有“度”、有“分寸”、会“把握”。笔者认为，情感，不是“度”的问题而是“质”的问题，曰“度”曰“分寸”曰“把握”云者，必有“玩”之嫌疑。当爱成为一种负担，当感恩成为一种责任，爱就变了味，恩就变了质。

真情感，多而不过；玩技巧，当犹不及。过分的情感压力，使得孩子失去真实。他们为了掩盖自己的不足与缺点错误，有时常常回避自己的主观原因而强化客观原因。表现在行动上，那就是抱怨。

倘若孩子出现抱怨，而且抱怨越来越多，那就意味着孩子成长中出现了问题，家长和老师必须对此引起足够的重视，及时采取措施，把这“不良反应”消灭在萌芽状态。

孩子的有些抱怨是针对学校和老师的。比如，学校的食堂如何如何差劲，学校的校服是如何如何的烂，老师是如何如何的糟糕，班主任处事是如何如何的不公正……这些，都标志着孩子成长的客观状态已经与孩子自己的主观意愿产生了落差。食堂的问题，校服的问题，老师还有班主任的问题，都可能是问题（一个学校不可能没有问题，哪怕顶尖的牛校，也存在这样那样的问题），但问题严重的程度往往不及（远不及）孩子说的那样严重。孩子的这种抱怨，往往成了自己在某些方面表现不佳的借口，或者是吃不到葡萄就说葡萄是酸的。家长不可能全天候地参与孩子的学习和活动，往往不了解实情，而又总是站在自己孩子的角度看问题，所以就为孩子的夸大问题的严重性提供了方便。这些都没什么关系，学校和老师，抱怨也就抱怨了。学校和老师，一般也不会因为孩子或家长的抱怨而出现重大问题。有大关系的倒是我们的孩子，抱怨声中轻描淡写地推卸了自己本该承担的责任，抱怨声中放弃了自己不成功的原因分析，抱怨声中默认了“抱怨”为自己带来的好处并且积累了今后更多的抱怨的“经验”和“技巧”从而在抱怨的泥潭里不能自拔。

家长要调查，要与学校和老师及时沟通。尽管这个道理很简单，但总有许多家长凭借自己的生活经验草率地定论。人啊，在自己犯错误的时候往往是没有自觉的。孩子教育问题很深奥，但有时越麻烦的教育问题，只要我们把握了问题的真实，解决的方法往往就越简单。

孩子有些抱怨是针对社会的。比如，看到贪官落网就抱怨社会，看到乞丐可怜就抱怨社会，听到物价上涨就抱怨社会，听到弱势群体的悲惨故事也抱怨社会……这些抱怨，说明孩子成长过程中对社会认识得不够客观不够全面。腐败、物价、弱势群体等都是社会问题，是一种客观存在，认识它们，这是成长过程中必须经历的。不仅要让孩子自己被动地感受，而且，我们要主动地告诉他们社会的真实，告诉他们生活的真实。但总是抱怨不行。抱怨多了，消极也就多了；消极多了，成功的机会肯定就少了。多抱怨的孩子，一般都眼高手低；多抱怨的孩子，一般都缺乏吃苦耐劳的品质。所以，多抱怨的孩子，一般都很难成大事。抱怨的种子一旦撒下，妒忌和不满的苗就会长成，结局便是“无粒之禾”或“只开花不结果”。所以，抱怨犹如基因，一旦存在，很难（或不能）改变。有这么一个故事：一个超级英俊的男人娶了一个超级漂亮的女人，但两人生的孩子极其难看。男人百思不得其解，结果女人说她自己做过三次整形手术……孩子染上“抱怨”，即使生命中出现“美丽”的机遇，但本质上的消极和妥协，生成的便是“丑儿”。

我们提倡挫折教育，我们主张让孩子们在艰苦的环境下得到锻炼，那么，我们首先得培养孩子的宽容精神（俞敏洪把它叫作“宗教情怀”），坦然地接受这世界送到孩子面前的一切苦难、不幸、失败与挫折。宽容，“宽”而且“容”，它是抑制或者消灭抱怨的良药。另外，家长和老师不要抱怨，我们若总是抱怨，我们的孩子抱怨的概率就大了。俞敏洪老师说：“我们今天有不少抱怨，比如中国社会的诚信体系缺失、政府监管不到位、社会贫富悬殊的现象等。但是，在我看来，所有这些现象恰恰是中国走向进步的标志。”

艺术开发人的敏感性

暑假期间，有许多家长又开始让孩子进入各种艺术学习的班级，学琴学画学歌唱学表演，这是一件让人欣慰的事，但说到为什么要让孩子学习艺术，答案却各有不同。

不要认为孩子学习艺术就是素质教育了，素质教育没那么简单；也不要认为别人家的孩子学习艺术就是为了中考高考加分。进入新家长时代的家长们都有自己理性的判断，那种知其然而不知其所以然的人云亦云的教育教学现象，正在家长们理性的思考中逐渐减少。

是的，“不是每一个孩子都能成为艺术家”，但是孩子接触艺术、了解艺术，就会与快乐和幸福同在。

艺术开发了人的敏感性。

科学家按照人类脑功能活动的特点，把人划分为艺术型、思维型以及中间型三种类型。其中，艺术型的人具有丰富的想象力，他们的知觉和记忆也更加形象。学艺术搞艺术的人为什么比常人更容易建立艺术的形象？因为学艺术搞艺术的人敏感。只要在一种艺术的环境中，学艺术搞艺术的人总是在艺术的形象里，哪怕在没有艺术可言的环境里，他们也总是潜意识地撒开形象的网，或张开丰富的触须。

这种敏感，让学艺术搞艺术的人在由此及彼的不断的生成新事物、新情感、新意念中完成了一次次的创意、创新和创造。创意创新创造不是空穴来风，它是“从有到有”，是从“旧有”到“新有”。艺术的敏感，是完成这“旧有”到“新有”的超越的必要条件。常人也有这“旧有”，有时搞艺术的人面对的形象，我们也面对，为什么我们常人就生成不了“新有”呢？因为我们缺少那种艺术的敏感，完成不了从“旧有”到“新有”的连接，所以我们就没有创意、创新和创造。

不仅如此，艺术的敏感常常以建立艺术形象的方式敏锐地接受着来自全方位的从宏观到微观的社会信息。它大到宇宙万象，中到肉眼可及，小到细胞微粒。也就是说，艺术敏感说到底是社会敏感、生活敏感和科学敏感。所以，有专家说的“艺术与科学不能分离”“艺术与创造不能分离”“科学家都是艺术家”“科学家首先是艺术家”，都是真正懂得艺术真谛的内行人的话。就像经济学其实不是一种专业一样，艺术也不是一种专业，艺术应该是哲学的上位感念。科学解决不了的问题，哲学可以解决；哲学解决不了的，只有艺术。未来社会，当人类都意识到科学的局限的时候，艺术必然成为人类的主体追求。

有许多家长和老师在解释孩子为什么要学艺术的时候，都把答案定位在素质啦兴趣啦幸福感啦，其实都是空洞的回答，久而久之就显得通俗甚至庸俗。当然，这些答语都没错，但都很难解决人们对艺术的真正的认识问题。

读史使人明智，读诗使人明秀，数学使人精密，格物使人深沉，道德哲学使人庄重，逻辑与修辞使人善辩。

我们最想说的是：艺术使人敏感、敏锐、敏捷。

且慢让孩子“坐在路边鼓掌”

2012年浙江高考语文卷以“在路边鼓掌的人”为话题作文，可谓煞费苦心啊！

《在路边鼓掌的人》是台湾女作家刘继荣的一篇博文，大概内容是：女儿，成绩排名23，同学都管叫她23号，名副其实的中等生。一次宴会上，孩子们表达了自己的理想：钢琴家，明星，政界要人，主持人。15岁的女儿呢，正为身边的小弟弟小妹妹剔蟹剥虾，盛汤揩嘴，忙得不亦乐乎。在大人们的催促下她认真地回答：“长大了，我的第一志愿是，当幼儿园老师，领着孩子们唱歌跳舞，做游戏。”又有一次，大家说到“英雄”的话题，正在织围巾的女儿认真地说：“老师曾讲过一句格言：当英雄路过的时候，总要有人坐在路边鼓掌。妈妈，我不想成为英雄，我想成为坐在路边鼓掌的人。”

无非三种选择：一是做普通人，二是做英雄，三是两者都肯定。其实，第三种选择是假命题，没有意义。面对具体问题必须作出抉择的时候，鱼和熊掌是不能兼得的，能兼得的就不是选择。此外，第三种选择者还会在“鱼和熊掌”中间做文章来一个“中庸之道”的选择，这选择的是什么呢？既是“鱼”又是“熊掌”的事物是什么？或者既不是“鱼”又不是“熊掌”的事物是什么？

作者在澳大利亚悉尼理工学院

“女儿”（MODEL应该是作家的孩子）没有错，人各有志啊；刘继荣也没有错，一个作家，引导人们平静理性地对待生活；作为高考的作文题，我想也可以。我只是希望“英雄”多一点，“鼓掌”的普通人少一点。是啊，你想成为一个平常人，那是你的人生价值取向，为孩子“剔蟹剥虾”，把“印着叮当猫的围裙”围上，你实现了你的价值。但是倘若越来越多的孩子都成了“普通人”（事实上我们的孩子绝大多数都已经在孜孜追求这种“普通”了），世界的进步、社会的发展怎么办？可怜天下父母心，做父母的都希望自己的孩子平平安安，没错，但倘若都要求孩子去做平常人而把社会责任、民族兴盛推给别人家的孩子，这与当一个人遭受歹徒的威胁或有人生命垂危，众人见死不救却又盼着有别人去救，待事后送上自己的鲜花与掌声有什么本质区别呢？

做普通人安全，做普通人自由，做普通人潇洒。“做普通人”，可以，但让大家“都要做普通人”就不可以；“平静对待生活”，可以，但要大家“都要平静不要血气方刚”就不太好。有人要做有意义的冒险，要梦想，要创造，要成功，也要失败；有人拒绝施舍，挑战生活，突破安定，我们也应该允许和肯定，而且面对英雄的刚性品质正在缺失的今天，我们应该大力弘扬。

当绝大多数人都做普通人，当英雄消失殆尽，那时候我们要想自己的孩子“做普通人”也做不了了。

“我现在的职业是业务员，没有工作时间的约束，老板对我们跟兄弟一样，薪水也不错，工作压力也很低。我们一起走过了不少辉煌跟失败。现在，我想辞职了，我感觉现在太过于安逸了。虽然我现在连离开这里要去哪里都不知道，但总比整天过着没有乐趣的生活强吧。太过于安逸了。现在我不想图安逸了，难道我错了吗?”（引自网文，作者：箱飘万里）

为了让孩子们有奋斗的勇气，励志，成了学校应该做的事。但是，许多学校的励志，没有真正着眼于学生的人生奋斗，着眼于学生的整个人生，而是看重学生为升学考试“搏一搏”的短期效果，这是事实，但励志本身应该是很有意义的事啊。我们辛辛苦苦励志，告诉孩子“不想当将军的士兵不是好士兵”，现在又有人告诉孩子，做普通人。我们到底要让孩子做什么呢？我们为什么总是为了某种教育的需要而随意“强化”某些方面呢?

每当一个民族达到了高水平的文明后，都会被自己的文明所软化、腐蚀，最后被相对野蛮的民族征服。雅典最后在伯罗奔尼撒战争中败在斯巴达手下，后来又被北方“野蛮”的马其顿征服。辉煌的罗马帝国，也在“野蛮民族”的攻击下崩解。中华文明，更是不断重复着同样的命运。

“我们从来都认为美国人承担不了牺牲，被中产阶级那种汽车洋房的生活方式软化的美国人，缺乏视死如归的勇气和赴汤蹈火的意志。只要用一百条命换一个美国人的命，美国就会退缩。但是，当今你翻开报纸，会看到身价百万的橄榄球明星慷慨从戎，战死沙场。华尔街的年轻金融分析家，也抛开自己的黄金屋，作为步兵死在伊拉克。现在的美国，蛮性正在苏醒。”（薛涌）

教育不能随意厚此薄彼，不能为了某种需要作过分的强化，也不能因为某些存在的问题而全盘否定某些传统。我们不能从一个极端走向另一个极端。当教育坚持自己的真实而不被任意左右的时候，当教育真正以人为本的时候，我们再“在路边鼓掌”不迟。

初生牛犊不怕虎，孩子们本来都想成为英雄的，因为成为英雄的道路实在艰难，因为读书实在太苦（作业太多考试太难），因为应试教育太折磨人，所以，原本当英雄的美好愿望慢慢地销蚀了。一句话，在当今渴望成为“路边鼓掌人”的孩子群体里，好大一部分是“被”“路边鼓掌”了的。

我们还保留着以前学生的作文中的两段话，那种“恰同学少年，风华正茂，书生意气，挥斥方遒”的精、气、神，孩子们当初都有：

“我偏偏不信‘低调’，‘枪打出头鸟’，那是因为这鸟太笨，未选中合适的时机出头，而不是出头这一行为造成被打。”……“为何巴赫的心如此高贵，因为他爱乐；为何孔子得以流芳百世，因为他爱乐；为何我正在步入高贵，因为我也爱乐，虽不能与以上大师相提并论，但每个人都有高贵的权利。”你说这样的雄心，这样的壮志，会甘心成为系着“印着叮当猫的围裙”的“剔蟹剥虾”人吗？

应试教育下的孩子们太苦了。一次次的失败，一次次的失望，让我们的孩子苦不堪言。有学生话语为证：

“终于又到了吃晚饭的时间，背起满书包的作业，忍着饥肠辘辘，骑着车，晕乎乎地穿行在大人们赶场子吃饭的车队里，穿行在路灯下的瑟瑟的风里。”“有些同学还不能回家，他们必须在周围低档的吃食店里吃完以垃圾食品为主体的晚餐，匆匆赶往家教地点，晚饭不是吃的，是吞的，因为我们根本没有细嚼慢咽的时间。”

应试教育下的孩子们太苦了，他们希望坐下来歇一歇，他们幼小稚嫩的心承担不了太大的压力，所以他们常有放弃通过奋斗拼搏成为“赢者”和“英雄”的念头，常常渴望坐在路边歇歇。有人提“坐在路边鼓掌”，那真是一拍即合啊，于是头脑中生成了成为“路边鼓掌”之人的人生理想。

这一人生理想，真是孩子们的终极追求吗？答：这是一种无奈。

这一人生理想，真的让孩子幸福一辈子吗？答：这是一种短暂的愉悦。

第一次，英雄过来了，他（或她）坐在路边鼓掌；第二次，他（或她）继续鼓掌，那么第三次、第四次、第 N 次呢？第一次坐在路边鼓掌，他满足，他惬意，他幸福；那么第二次呢，第 N 次呢？

孩子想成为“坐在路边鼓掌”的人，不是孩子的本愿，那是被逼的，用现在时髦的话来说就是“被”“坐在路边鼓掌”了。让孩子成为“坐在路边鼓掌”的普通人，满足的不是孩子，满足的是家长，满足的是老师，因为我们家长无须为孩子因为奋斗而担惊受怕，我们老师可以用一句“做普通人”作为自己平平的教育业绩的托辞。

我们非常赞赏长沙市一中高三学生左亚琪说的一句话：“不热血不燃烧的

青春是没有意义的。”她说：“我喜欢有挑战性的事情，喜欢和不同背景的人交流，有很多兴趣，希望在国外能更好地发展自己的爱好和特长。”是的，左亚琪这样的学生毕竟少数（SAT2400分她考了2100多分，她被美国加州大学洛杉矶分校、密歇根安娜堡大学、罗切斯特大学等多所大学录取），但是我们不能因为英雄总是凤毛麟角而让大众放弃成为英雄的打算，规劝或阻止大众成为英雄的行动。

择校，首先得考虑匹配问题

一年一度，为孩子的升学而纠结。许多家长不同场合不同时间却都在问同样的一个问题：某某学校与某某学校，哪一所更好？

择校，在目前教育资源还不平衡的情况下是一种“合理的存在”，而且还得存在一段时间，甚至这一时间会很长。择校时，我们家长会从许多方面的了解比较中展开选择的思路。学校的教学质量，学校的师资水准，学校的硬件设施，孩子的成长方向，孩子今后的职业选择，还有成长的意图和目标的达成，这些都会自觉不自觉地上升为择校中的“原则问题”。

我们的观点是：匹配，才是我们择校的第一原则。

为了追求人的个体与组织的高度契合，使效益最大化，人与组织匹配的理论应运而生。从组织行为学到人力资源管理学，从心理学到协同学，我们可以找到很丰富的理论依据。学生择校，无须研究得那么复杂，但作为家长，在孩子择校的问题上站得高一点才能看得远一点。

同样的学生进了同样一所学校，三年后回看三年前的选择，效果相差很大。有许多因素造成了孩子之间发展的不平衡，其中，匹配（孩子与学校是否匹配，孩子与这个学校的老师的教育教学是否匹配，孩子与这所学校的发展追求是否匹配）是一个很重要的因素。在一部机器里，不匹配的零部件会产生什么结果？在一个人群里，不匹配的人际关系会产生什么结果？

倘若这所学校以追求升学率为唯一目标（当然，现在的学校都不会这么明说），我们的孩子又是心无旁骛孜孜以求名小学名初中名高中名大学，而且学习上勤奋刻苦自觉自律，有一股子头悬梁锥刺股的劲头，总体上是匹配的。加上一帮在成绩提升上“拼命三郎”式的教师，孩子的学业成绩（说考试成绩也可）的提升效果会很好，因为在学习的过程中，学校、老师、孩子三者匹配度高，共鸣达成，效益显现。倘若在这样的学校和这样的老师的班级里，我们的孩子是一个追求全面素质提升而且兴趣广泛又不是勤奋刻苦的人，那么就是不匹配了。事实上，那些在取分很高的名校或名班里就读而学习成绩不理想的就是这类孩子。这种择校，错就错在不匹配。

倘若这是一所追求孩子的全面发展、素质提升的学校（当然这样标榜的学校很多，而实际鲜有达到这个水准的），我们的孩子又很有个性，而且特长明显，再加上学校有帮助孩子发展提升的实力，总体看就是匹配的。倘若把一个头悬梁锥刺股的孩子放到一个“特长班”里，那就是不匹配的，结果肯定是很糟的。让我们感到欣慰的是，实打实地培养适合孩子特长发展的学校（班级）越来越多，而且，特长学生成长成才成功的数量越来越大。有许多聪明的家长，他们寻找适合孩子个性发展的学校（或班级），寻求一条别样的求学路，走出了孩子教育成长的“集体无意识”，他们应该成为我们的榜样。

作者在美国哈佛大学

有没有这样的学校，他们以人的发展作为学校教育发展的目标（当然不是虚假的口号宣传），对我们的孩子作全过程的成长设计，并且一步一个脚印地帮助我们的孩子实施成长计划呢？我们家长都有自己的事业，我们都很忙，倘若有这样的学校，倘若有老师既是孩子成长的设计师又是孩子成长的工程师，再加上我们的孩子的确有别样的发展追求，而且更有我们家长的全力配合全身心投入，这选择，何乐而不为?!

在不匹配的教育环境下，孩子的学习肯定是痛苦的；在相匹配的教育环境里，孩子的学习再苦也不累。明知不匹配而为之，我们只能有一个理由，那就是：我们死要面子。

华茂教育集团徐万茂先生多次这么表达：人总是在不断寻找适合自己发展的岗位中找到一个比较适合自己发展的岗位，在这个比较适合自己发展的岗位上努力发展，追求自己与岗位的理想化的“完全适合”（大意如此）。是的，择校，我们要找到那样的完全匹配只是我们的选择理想而已，我们只能力求匹配。在基本匹配的状态下，我们就可以要求孩子努力适应学校和老师的教育教学；在基本不匹配的状态下，我们要求孩子主动适应学校和老师的教育，真的是苦了学校，苦了老师，苦了孩子，也苦了我们。

真的，在教育日趋多样化的今天，我们只要打开自己的视野，我们只要真正下工夫了解，可供孩子选择的路还是很多的。走出学区，走出我们居住的城市，甚至走出国门……

“学识”“文化”与“文明”

本文只是从孩子成长和教育的角度谈“学识”“文化”与“文明”的关系，特此申明。

许多家长把孩子成长目标中的“学识”“文化”与“文明”混为一谈，或者说没有仔细认真地想过这三者之间的关系，所以在孩子成长设计中，目标模糊，途径设计不明确，教育态度左右摇摆，方式方法人云亦云模棱两可，导致总体定位不当，设计及规划实施效果不佳。

把孩子的成长目标定位于“学识”的教师和家长，更多地注重孩子成长中的知识的积累，要求孩子博闻强识。大凡可以为孩子的“学识”增砖加瓦的都无所不用其极。作业不能遗漏，错题要专门备上“错题本”或“得失本”。只要孩子精力许可，各种补习班尽可能参加。可谓吃着碗里的，看着锅里的，想着田里的。一方面在“面上”作出拓展，另一方面又在“点上”深化。许多教师和家长研究孩子“单位时间里的学习效率”，在课堂45分钟上下工夫，于是出现了“强化训练”和“高效课堂”的教学理念，对孩子的学习空间大有“可以占领的占领，不可以占领也要占领”的气势。我们口上都说“要让孩子的素质提高、能力提升”，实际上仍然围绕“应试”，苦了孩子，也苦了老师和家长自己。尽管我们把培养目标和孩子的成才目标说得很崇高，说得很冠冕堂皇，但本质没有变，那就是：孩子成长，学识第一；成长进阶，考分第一。有许多家长知道这样不对，明知该有更高的目标设置，而因为“办不到”而退而求其次，于是大家都在“未可明诏大号”的“只可意会不可言传”的教育里妥协着、无奈着。之所以能这样委曲求全，是因为还能委曲求全；之所以能如此从众，是因为还能从众。倘若真的从思想上确立“学识的定位太低”的理念，真的以为孩子的成长必须更高定位，我们就会想方设法去主动改变这种“无可奈何”的尴尬。想改变，就一定能改变；没有改变，是因为我们还是觉得“不改变也可”。

把孩子的成长目标定位于“文化”的教师和家长，比起前者来当然高明得多。文化，多么诱人的字眼，多么光鲜的好东西。社会上有“文化人”的美名，有“学文化”的传统，但许多人不明白，文化是人类进步的阶梯而不是目标，是途径而不是终点。人类的进化、社会的进步，文化是方式，是方法，是途径，是载体。既然是阶梯或途径，那就有优劣之分、高下之别。我们称“先进文化”，那就意味着还有“后进文化”“落后文化”“反动文化”（只是我们不提而已）。孩子只要成为“文化人”就行，这是很危险的。研究生被儿童拐骗，留学生拔刀刺母，掌握高端生化科技的去制造毒品，有先进网络技术的文化人成了“黑客”，落后反动的非法组织头目以祖国和人民为敌……所以，“文化目标”下的孩子，不一定能杜绝“次品”“废品”和“毒品”。因此，我们的教育设计中，孩子成长的目标定位还得更高，那就是“文明”。把孩子成长设计的目标提高到“文明”的高度，有两层含义：一是让孩子成为有学识有文化的文明人；二是引导孩子朝着符合人类文明的方向发展，为人类的文明进阶作出贡献。这样，孩子的成长设计中就必然要融入多元化、国际化、信息化等因素，那就是邓小平提出的“教育要面向现代化，面向世界，面向未来”。说得大一些，我们要培养符合人类文明发展要求的人才，说得实在一些就是我们要把孩子培养成具有现代意识的国际人、具有多元意识的好人。

我们想强调的是："文化"不是万能的，它不应该成为教育的终极目标。"文化"与"文明"不能混淆，它们是两个不同的概念。

教育"不能"二题

一、模仿太多，对孩子不利

我不喜欢电视上的模仿秀节目，特别不愿看男人模仿女人、男声模仿女声和对模仿的模仿。这些节目，对教育我们的孩子不是很好。闹一闹、乐一乐就可以了，就是不要"将模仿进行到底"了。

泰康人寿董事长兼 CEO 陈东升说："创新就是率先模仿。"

我们知道创新的本质是"求异"，倘若"率先"能算是带有几分"求异"吧，那么也只能是"率先模仿是一种创新"，而不是"创新就是率先模仿"。

实战型管理培训专家余世维说："模仿加改良等于创新。"

我们知道只有"模仿加改良"实现了从旧到新的质的飞跃才是创新，而不是处于任何模仿改良等级状态都可以称之为创新。吃不准改良达到的程度，说不清是不是已经实现"质的改变"，我们只能说是"改变着"而不是"创新了"，因为创新是改变，但改变不一定是创新。创新不能随便泛化。

吉利集团董事长李书福在肯定"模仿"时说了反话："100 年来，轿车都是两个沙发，四个轮子，谁开发过 5 个轮子的轿车？"他得出的结论是："所以全球都是模仿秀。"

李书福的话是一种调侃，是一种对否定模仿者的反击，反击而已，他的话并没有涉及创新的"质的飞跃"的问题。他的话从逻辑上说只是得出"模仿有可能产生创新"的或然判断，他没有要得出"模仿就是创新"这一必然判断的用意。汽车从四个轮子到五个轮子，在我们现在这个时空里，的确让人觉得可笑，但倘若变换时空改变维度呢？所以李书福的话是对创新的本质属性（质的飞跃）的极端解释。当然，我们不会因为现在的汽车还是四个轮子而认为汽车 100 年的历史里没有创新，否则我们现在的马路上跑着的绝大多数都不是老爷车的局面就无法解释。是的，汽车100年的历史里有数不清的创新，但这些大大小小林林总总方方面面的无数的创新，都一定有个特征，那便是从量变到质变，只不过这种从量变到质变的实现有许多是从“模仿”这种行为开始的，但我们要说，这种模仿一定以求异为途径、以质的改变为目标。

我们要肯定以求异为途径、以质的改变为目标的模仿，我们要认同这种模仿达到的有价值的创新。但是，在这个到处都充斥着“模仿”的世界里，我们必须还“创新”的本来面目，不能把模仿与创新等同，不能给我们的大众（特别是孩子）“模仿就是创新”的错觉。否则“模仿”太多，真假难辨，结果只能是人们创新锐力的缺失，久而久之会有成为转基因人类的危险。这种担忧，一点都不多余。

模仿并非坏事。鲁迅先生曾说：“世上本无路，走的人多了，也便成了路。”第一个探路的人当然应该肯定，跟进者何尝不是好汉？李书福的成功一直受着一些人的诟病，认为他是模仿的产物，这是不公正的。但是，倘若李书福的成功是“原创”的，不是更好吗？当然，这种大手笔的原创越来越难，但我们不能因为难而失去“原创”之心。

创新也有高下之分，模仿更有雅俗之别。给我们的孩子多一点高雅的东西，少一点通俗和庸俗；给我们的学生多一点原创意识，少一点模仿和抄袭；给我们的后代多一点质疑精神和个性化的品质，少一点以模仿为成才成名的途径并“孜孜以求”的痴行。这是我们家长、老师和媒体人应该做的。

春晚节目中，农民歌手朱之文的歌唱，很好，但毕竟不及廖昌永的高雅。

二、别让孩子“宅”在家里

在百度上搜索“宅孩”，有许多相关文章，有些文章标题很吸引眼球：《“伙伴危机”逼近孩子》《别让孩子宅在家，小心孤独症》《孩子宅在家，求职要家长代劳》《看电视、打游戏，孩子宅，父母头疼》《暑期生活太单调，孩子宅出三毛病》《大人忙，孩子宅，谁拿走了孩子过年乐趣?》《家有“宅一代”，家长很担忧》。

宅孩，是一个问题。有些家长和教师已经意识到问题的严重了，但大多数的家长和教师还没有意识到这一问题的严重，甚至还在不自觉地为宅孩的形成推波助澜。

中欧社会论坛总监于硕教授认为：青年的“宅化”，可以从两个意义上说：第一就是“宅家”，不睡觉、不吃饭，打游戏机，不出门；第二就是去考公务员。青年人的心太“宅”，缺少生命意义的创造性和狂狷之气。

在香港城市大学

我赞成这样的说法，一个人没有冒险精神没关系，自得其乐一生，最后寿终正寝，也是一件幸福的事。但是，一个国家的子民或一个民族的人民失去了冒险精神，那就太可怕了。我们不能一边宣扬着《狼图腾》的精神，赞叹着狼的野性，一边却又用一种看不见的手让孩子变成一只温柔的猫，让他整天宅在家里，为应试升学而努力。

“再苦也不能苦了孩子”，这是高尚的父母之爱；“父母在，不远游”，这是感动人的孝心。但所有事，过犹不及。我们常常替孩子负担一切，所以接送孩子，校门口总是人头攒动。我们宁可让孩子轻松再轻松，却在不知不觉中放弃了对孩子自立、吃苦精神的培养；我们宁可把最好的电脑和手机给孩子用，而且坚信现代和时尚更接近孩子，却不知自己为孩子苦心经营的“温床”让孩子逐渐失去了自立和吃苦的原始动力。

中国改革的风云人物温元凯——恢复高考的建议人——认为：考公务员，有些岗位几千人、几万人争取，这说明什么问题？年轻人认为当公务员保险，当公务员有油水，甚至于将来升官的话就可以发大财。他说：“这种价值取向当然是可以理解的，但是我们更希望将来一代年轻人，将来要进一步改造中国，来创造财富，能够使中国在今后的十几年里更进一步地发展，这绝对需要改革。那么庞大的公务员队伍，中国将来的路就会越走越窄，干部、群众的矛盾就会越来越尖锐，所以这个问题是非常严重的。”

当我们问及为什么选择教师这一职业的时候，许多年轻教师都把“安定”与“有暑寒假”作为理由。骨子里的求稳，让教师中的大多数人自我封闭起来，在“自说自话”“自教自育”中逐渐离开社会、离开人群。在孩子接受教育的十六年中，倘若碰到的都是这类教师，我们的孩子，再有冒险精神也肯定被销蚀了。

所以，应该有个英明的领导站出来说：教师的职业生涯不能超过十年。或说，教师必须有跨行业从业五年的资格要求。我们不知道国外的教师教龄在三十年及以上的能占整个教师队伍多少比例，但我们知道，国外的教师，他们的生活经历和从事非教育行业的经验肯定比我们丰富得多。

所以我不同意教师专业发展必须依托校本培训或教师专业发展必须以校本培训为主体的观点。多让我们教师听听银行家怎么说，房产开发商怎么说，股票经纪人怎么说。一句话，不要让老师“宅”在学校里，特别是不要让老师的心“宅”在学校里。

“宅父母”“宅老师”，就会“宅”出“宅孩子”。

为了孩子语言能力的提升

不要以为孩子的语言训练是学校的事，是语文老师的事。孩子在交流中的语言表达的习惯养成和能力提高，与家庭的语言环境、父母的督促指导紧密相连。

语言，是人与人之间进行交流的重要工具，是体现一个人学识、修养的重要载体。语言体现的是人的内在形象和气质。一个孩子，若外观形象可爱可人，再配以得体高雅的语言，一定让人心生爱怜。无论他（她）走到哪里，都可以凭借自己的语言优势，为自己“赚分”。倘若我们的孩子外观形象良好，但一开口，言谈粗俗，满嘴白字，他（她）的个人形象就会大打折扣。

有时候我们把能说会道当作夸夸其谈，这是一种遗毒。以前夸耀老黄牛精神，夸耀脚踏实地。夸耀过了头就成了“只有不大说话的人，才是靠得住的实干家”的荒唐的理念，并且由此推论出“一个善于言辞的人，肯定是虚假不踏实者”的荒谬的结论。尽管我们都懂得这个道理，但常常在潜意识里使用这种荒谬。一个思想丰富的人，他的语言必须是丰富的；一个语言贫乏的人，要说成是一个思想家，也不太可能。“我的思想很丰富，我就是表达不出来。”谁听你这种谎话?！思维与语言紧密相连，有丰富的思想，一定有丰富的语言；若丰富的语言离开了思想，这肯定是一种假丰富。

我们要教育孩子诚恳踏实，不夸夸其谈；同时我们又要让孩子善于表达自己的思想。孩子的论辩汪洋恣肆、仪态万方，当然应该为之叫好；孩子的叙述声情并茂、惟妙惟肖，当然应该报以赞美。所以，家长必须正确深刻地认识孩子语言能力的重要性。要让我们的孩子成为思想丰富且拥有丰富内生活的人，这语言问题，实在是太重要了。

深入了解孩子的语言训练的实际，我们会发现，孩子的语言交流，大多数都是在与同学与家长的交流中进行的。一个孩子与老师交流，特别是与语文老师交流的时间少而又少。我们不能把提升孩子的语言能力的希望全寄托在老师身上。孩子与同学交流，一般都处于无纠错的语言环境下，语言表达的好习惯与坏习惯同时存在。我们提倡自己的孩子多与好孩子为伍，从语言能力的角度看，目的就是让好孩子的好语言多给自己的孩子以潜移默化的影响，这种影响有时很有成效。但是，在大多数的情况下，这种缺乏语言改进或提升的主动性的交流，都会使孩子处于一种交流的“蛮荒”情景中，收效不大。

所以，我们家长要为孩子的语言能力提升作出努力。在现实生活中，我们可以找到许多为孩子的语言能力提高而努力并取得满意成绩的家长，听他们说为孩子作出的努力，我们会为自己在这方面付出不足而感到内疚。孩子的可塑性很强，孩子本可以在我们的督促和引导下取得语言能力的快速提升，但是因为我们家长在这方面的认识不足和投入不足，导致孩子的语言表达能力不尽如人意，而且损害了孩子以后的持续发展。这种内疚，会让我们难受终生。

难道我们非得待到孩子面试时因为语言表达能力差而打折扣，待到孩子因为语言表达影响了他的升职，待到孩子因为语言表达的糟糕而自卑从而使恋爱、婚姻遭受不顺，我们才提孩子的语言能力训练问题吗?

在羡慕别人家的孩子能歌善舞、能说会道的时候，我们应该想想，自己为孩子的语言习惯的养成和语言能力的提高做了些什么。

首先，我们家长要重视孩子的错别字问题。家长多翻翻词典，饭桌上、电视前多议议汉字的读音、写法和意义，对孩子养成良好的识字习惯大有裨益。一般说来，家长在交流中别字当头的，孩子在错别字的问题上也一定很严重。当我们意识到自己读错写错的时候，我们首先得承认错误，切不可因为别人也这么读这么写而推卸自己的责任，因为我们的这一举动会对孩子产生潜在的影响。是的，谁都有读错写错的时候，“就连在中央电视台开讲的专家学者们也难幸免，真令人不可思议。偶尔看看《百家讲坛》，也能听到一些刺耳的声音。如刘心武先生谈《红楼梦》中的‘角（jiǎo）色’，纪连海先生说吴三桂对崇祯皇帝‘虚与委蛇（shé）’，孙立群先生说范蠡‘幼则喜好文学，长（chǎng）则习练武功’，类似的错误时有出现”（文雨《语言文字与个人修养》），但我们不能因为名人也会错就把自己的错当成理所当然。

错的就是错的。当一个孩子在入学面试的交谈中不断出现错字错词的时候，我们除了追究老师的责任外，还得追究家长的责任。已经进入了新家长时代的今天，我们家长不能再拿“我学历低”“我大老粗”等让人汗颜的理由为自己找借口。

其次，我们要做孩子语言表达良好习惯养成的督促者和导引者。督促什么、导引什么呢?

第一是孩子语言交流时候的姿态。热情，最重要。无论与长辈还是平辈，无论熟悉还是陌生，热情的姿态就会让人感到舒服，从而推进良好的交流。现在，“无表情孩子”越来越多了，无论是面对父母还是老师，无论是面对男性还是女性，回答都没有表情，而且用词极端简洁，“是”“还行”“哦”“不是”“没有”等等，没有下文的表达，一听就让人感觉到，这是一个不屑与你交流的人。没有交流的热情，交流行不了多远。养成孩子的这种“热情”不是一日之功，扼杀孩子的交流热情，也一定是长久的摧残。许多孩子的交流的冷漠，就是因为我们的孩子长期处于无话可说却要求不能不说而且必须洋洋洒洒地说的“被说”境地。多少语文课堂里，我们的孩子在反复地“被说”? 多少家庭里，我们的孩子在言不由衷地“被说”? 不想说，就允许他不说；想说，就让他好好说，而且让他在“掌声”中说。

第二是督促引导孩子语言表达的完整。常常可以听到这样的论调：“只要能表达清楚，不讲语法又何妨。”生活层面的交流，我们用到的是简单语言；深层次的交流，当然需要我们用高级的语言。简单的生活交流中，我们用到的常常是一些熟知的具象的词汇，所以，即使表达不合语法，在具体的语言环境中我们还是可以继续交流的。在一个由许多抽象的概念构成的长句里，倘若我们离开了约定俗成的语法，交流就会变得困难了。一个形成了表达不完整的坏习惯的孩子，长大后要表达深刻的思想和理念，必然是断断续续、佶屈聱牙的。所以，我们应该把孩子表达是否完整的问题提高到孩子今后能不能有深刻思想和深刻思维的高度。随着孩子年龄的增大，家长也应该对孩子的语言提出更高的要求。孩子的语言表达完整，是需要父母提醒和督促的。语言表达的完整包含“起承转合”四个环节，孩子的语言表达常常没有“起”与“合”，督促孩子对表达的头、尾的重视是我们家长应该做的。

第三是改掉孩子表达中的那些看似无关紧要实则严重影响表达效果和交流效果的不良习惯。比如，不分场合一律高声高调的表达习惯；比如，目光游移心不在焉的讲话习惯；比如，自言自语不顾对方接受与否或自说自话不顾别人感受好坏的述说习惯。这些，孩子自己一定能意识到，家长就得认真提出并且尽力纠正。

另外，我们应该为孩子创造语言能力提升的条件。朗诵、主持，孩子有兴趣有精力，要鼓励他去学；面对电视，父母多赞美主持人的语言能力以引导孩子重视语言、重视交流。我们也可以专门让孩子欣赏些著名配音演员和主持人的作品，并让孩子反复模仿。从毕克到童自荣，从赵忠祥到朱迅，我们有的是榜样和教材，我们可以让优秀的语言作品感染熏陶我们的孩子。

不要怀疑我们训练孩子语言的能力，我们一定能为孩子的语言训练提供很大的帮助，只要我们真正认识到孩子语言的重要，只要我们肯真正投入。

不能强化了“人文”弱化了“科学”

在孩子成长设计中，有许多家长都把孩子人文素养的培养提到了议事日程，并从心底里认同了“重要的是人文精神”的理念，大凡可以提升孩子人文素质的方法和途径都用上了。人文是重要，但我们不能从一个极端走向另一个极端。科学素养与人文精神相统一，是现代公民的基本特征。国际上普遍将科学素养概括为三个组成部分，即对科学知识达到基本的了解程度，对科学的研究过程和方法达到基本的了解程度，对科学技术对社会和个人所产生的影响达到基本的了解程度。坚持科学素养与人文精神的统一，是对公民素质、文化、人格的完整性要求。所以，我提出以下六个方面的问题，意在强化孩子对科学的关注。

一、对理化生和医学前沿的关注

作者在美国哥伦比亚大学

理论物理中的额外空间维、粒子物理中的中微子振荡以及天体物理中的宇宙的几何形状和加速膨胀是近几年来物理学领域中热门的话题。额外空间维的引入和中微子振荡的研究引发了科学家们浓厚的兴趣。在化学研究领域，大分子结构、与大分子结构密切相关的晶体结构的研究是化学领域最热门的前沿课题。还有 DNA 研究，也是最引人注目的新的热门课题之一。在生物研究领域，生命体内细胞的死亡和存活机制的研究是生物学前沿的热门课题，还有蛋白质数据库、免疫系统机制、利用基因芯片诊断淋巴瘤等，都是生物学领域的前沿课题。

医学的前沿话题有：（1）与心血管系统相关的疾病，包括冠心病、高血压、心力衰竭等的研究。（2）乳腺癌的防治。（3）病毒或细菌对抗生素的抗药性研究。（4）对肝炎的治疗和药物实验研究。（5）攻克癌症和艾滋病的研究。

二、对人类食物结构的关注

随着社会的进步和人们生活水平的提高，越来越多的人关注人类食物结构的改变、改善和改进。1992 年，美国农业部提出食物金字塔指南，建议人们避免摄入脂肪，多吃碳水化合物丰富的食物，减少对会导致体内胆固醇含量升高的饱和脂肪的摄入量。以后越来越多的研究发现了美国农业部提出食物金字塔的缺陷，因为大量食用精制碳水化合物可能破坏人体内的葡萄糖和胰岛素，有益于健康的脂肪取代这些碳水化合物，可以降低人们患心脏病的概率。面对当前存在的食品安全问题，我们要强化孩子对这一方面知识的了解的意识，不只是为了让孩子尽可能避免有害食品，更重要的是让我们的下一代从小养成强烈的食品安全意识。

三、对自然灾害的关注

赤潮（red tide）是海洋中某些微小（2－20 微米）的浮游藻类、原生动物或更小的细菌，在满足一定的条件下爆发性繁殖或突然性聚集，引起水体变色的一种自然生态现象。几年前，科学家就在这方面投入了大量的研究。“太阳风暴”频频侵扰地球。太阳活动、太阳耀斑、太阳表面黑子这些概念不断在我们的各种媒体中高频率地出现，让孩子们关注这些问题，很有必要。

对自然灾害的关注当然还有好多内容，台风、海啸、地震都应该成为孩子关注的对象。我们作为家长，不一定全知这些领域，但我们可以有意识地在与孩子的交流中引导孩子去了解，去关注，去研究。

四、对月球探测和宇航事业的关注

人类的月球探测和开发利用的战略计划的第一阶段（2000－2010 年），是对月球资源进行综合性的探测和现场勘查。第二阶段（2010－2020 年），计划对月球深层构造进行勘察，为建立月球基地而深化对月球的认识。第三阶段（2020 年后），共建月球基地。这种人类的伟大计划，我们的下一代没有理由不去关注。

近年来，国际航天领域掀起新一轮探索热潮，希望进一步掌握太空的“机密”和资源。各国忙着研发火箭、卫星，发展载人航天技术，制定探索月球、火星计划，想要“先人一步”征服太空，无一不是“马不停蹄”。除了能够获取重要的战略利益和经济效益，各国对航天领域的投入，也越来越显示出“制天权”对于国家安全和发展的重要意义。我国在航天事业中取得的成就，足以让我们自豪和骄傲，这种科学领域中的发现和进步，都应该进入孩子们的视野。

五、对干细胞、克隆人及其伦理问题的关注

干细胞是具有自我更新、高度增殖和多向分化潜能的细胞群体，这些细胞可以通过细胞分裂维持自身细胞群的大小，同时又可以进一步分化成为各种不同的组织细胞，从而构成机体各种复杂的组织器官。干细胞的研究与应用是生命科学领域的热点和难点。

干细胞及克隆技术给人类带来的益处早已为人们所公认，其研究和应用也不断传来令人鼓舞的消息。但是科学是一把双刃剑，克隆既能造福人类，也可祸害无穷。让孩子们了解这些，让孩子们不断接近科学的真实，让孩子们走近科学，这是我们作为家长必须做的。

六、对信息技术发展前沿的关注

我们每天都可以搜索到许多信息技术飞速发展的信息，我们特别应该与孩子们一起关注云计算，关注“苹果”的发展。

云计算（cloud computing）是基于互联网的相关服务的增加、使用和交付模式，通常涉及通过互联网来提供动态易扩展且经常是虚拟化的资源。云是网络、互联网的一种比喻说法。过去在图中往往用云来表示电信网，后来也用来表示互联网和底层基础设施的抽象。狭义云计算指 IT 基础设施的交付和使用模式，指通过网络以按需、易扩展的方式获得所需资源；广义云计算指服务的交付和使用模式，指通过网络以按需、易扩展的方式获得所需服务。这种服务可以是 IT 和软件、互联网相关，也可是其他服务。它意味着计算能力也可作为一种商品通过互联网进行流通。

“苹果”设计并创造了 iPod 和 iTunes、Mac 便携式和台式电脑、OSX 操作系统以及革命性的 iPhone 和 iPad。作为行业领跑者，“苹果”，技术快速更新，为我们的生活带来了莫大的便捷。倘若我们不问津“苹果”，我们必定“OUT”无疑。

面试，为应试者支招

越来越多的入学需要面试：进特长班要面试，进国际课程班要面试，出国留学要面试。即使大学毕业，一个好的职位，也会对被聘用者提出需要面试的要求。面试是一种交流，从交流学的角度看日常的面试问题，我们就可以打开面试或面试准备的视野。我们在这里讲四点，供孩子们参考：

一、要弄清面试性质，把握对方特征

交流学非常重视交流的种类的区分。与记者交流有与媒体人打交道的方法，与国外友人交流有跨文化交流的方法。面试，是把自己的思想和能力表达出来并且让对方接受的一种交流。要抓住对方的问题和兴奋点，就得非常清楚自己的面试是何种性质。入学，进入的是何种性质的学校，被面试者就得下功夫了解对方的情况。掌握的东西越多，把握的准确性就越强。面试进行中，最有用的是把对方学校的许多“细节”问题讲出来。一般的学生可能都知道对方学校的宏观的特点，若有学生能讲出一些对方学校的“细节”，常常可以使自己脱颖而出。就职，被面试者就得充分了解对方单位的特点。建立在对对方细节基础上的把握才是个性化的把握，才能在面试交流中收放自如。面试前，被面试者应该达到这样的状态：会用一个小时说对方，也会用十五分钟说对方；可以用一两分钟说对方，也可以几句话说对方；甚至用一句话正确、准确、精确地说出对方的特点，用一个短语或一个词概括出对方的本质属性。有道是“面试一分钟，场外十年功。”

二、把握面试交流的时间长度

交流学把交流按时间的长短分为三类：短暂交流、中等时间交流和长时间交流。我们切不可轻视短暂交流。目测性质的面试属于短暂交流，对被面试者来说，要在有限的一两分钟里展现自己的能力，难度不小。这就要求被面试者敏感、快速、简捷地把握对方。一般性的面试，15－20分钟，都属于中等时间交流，一般被面试者要回答对方的三至四个问题。所以，面试者回答不能太简单，可以适当展开。回答太简单，三分钟就完成了面试，给对方留下的印象肯定是“紧张”和“单薄”，无老练、丰富可言。倘若展开后收不回，后果也很严重。被面试者要练就这样的本事：让我讲一分钟，我不会少于50秒大于70秒；让我讲5分钟，我不会少于4分钟大于6分钟；让我讲一刻钟，我不会少于12分钟大于18分钟。时间感不强的被面试者，可以自己多练，这种功夫是可以通过练习达成的。

三、表达的方式应该多样

交流学很重视交流中的人情味和幽默感的实现，而人情味和幽默与交流的方式方法紧密相连。老师告诉过我们，语言表达分三种：叙述、议论和抒情。面试中用抒情，感叹、赞美，有时候会收到很好的交流效果。面试中常用的表达是叙述和议论。叙述，要生动，要收放自如，力求让对方感动。这种感动不是让人流泪（当然能流泪更好），而是让对方认同并“纳入”自己的思想和情感的轨道。议论在面试中是必不可少的，面试者提出的问题，就是被面试者需要论证的论题或论点。所以，面试就是被面试者用可信的论据（离自己很近或就是自己的）来证明自己思想和观点的正确的过程。叙述、议论和抒情，任何一种方式一用到底，都会让面试交流陷入尴尬的单调的无生气的局面。另外，修辞方法的运用也不能忘。要把事说得栩栩如生，比喻、夸张不可少；要把理讲得在理有力，排比、设问、反问也不可少。在面试前的准备中，被面试者一定得准备些很生动很有说服力的交流的素材，备而不用没关系，用时若无货，那才叫糟糕。

四、重视非语言交流

交流学有许多内容是研究非语言交流的。交流活动中的着装仪容，举手投足，都应该是我们参加面试者十分注意的。学生就得有学生的着装和仪容的要求，违反了，后果很严重。就职面试中，被面试者也应该考虑职位的特点准备自己的着装，修饰自己的仪容，不能只重面试内容而忽略了其他“细节”。细节决定成败，用在面试上是最恰当的了。另外，要重视面试环境的感知。倘若是实景面试，就要把注意力分一部分于周围的环境，特别要注意环境中的“特殊现象”。有些面试者，就把试题“放在”环境里。倘若不是实景面试，比如电话面试，被面试者就要从电话面试的实际出发，考虑接听电话的环境。太吵或电话效果不好的，可以提出换个电话环境。电话面试，被面试者就要注意语言表达的轻重是否适度，语气软硬是否适度。另外，被面试者的语言表达的热情也得有度。热情度是一种客观的存在。一个人一出现在一个场合，就一定有一种气场，这种气场的大小强弱是人的内质的外现，属于一种非语言，始终如影随形。不热情，太冷，让人觉得没有基本素养；太过热情，过热，又会让人感觉太虚假太不真实。

交流学是一门很实用的学科，倘若有足够的时间，应该好好读读交流学方面的书籍。

教师在课堂里讲课的姿态我们称之为“教态”，那么被面试者在面试中呈现在面试官面前的姿态就是“试态”。试态是面试中一个很重要的因素，它不只是被面试者接受面试时的一种外形体态的客观，更应该是被面试者在面试过程中内质外化的一种主观，值得我们被面试者和家长去研究。追求良好的试态，让被面试者呈现给面试官美丽的姿态，我们可以借鉴美学的相关知识来思考。

美学中把美分为自然美、社会美和艺术美三大类。

自然美，指的是客观自然界中自然生成的事物的美，它具有自然性、形式性和变易性。所谓自然性就是自然天成。孩子面试，什么最重要？答案是“自然”。越来越多的面试追求“还原被面试者的真实”，车轮大战式的提问也好，不断替换不同专业领域的面试官也罢，其目的都是通过全方位、全覆盖的测试，还原被面试者真实的知识和能力水平。即使再有能耐的被面试者，在这种高强度的面试面前也会被去掉“面纱”而现出原形。与其被人揭去“面纱”，还不如让自己及早真实呈现。小孩就是小孩，天真才可爱；中学生就是中学生，聪敏而青涩才不失本真；大学生就是大学生，朝气蓬勃却又略带偏激才让人感到真切，让人回想自己走出校门时的那种意气风发，从而使被面试者获得与面试者相同的思想和情感的“基点”。

社会美，指的是人类实践创造的体现社会事物发展规律和丰富性，与人的实践意愿、审美理想相和谐的社会生活的美。社会美的主体是人的美，一般指人的

作者在美国纽约大学

形体美和心灵美。对称、均衡、和谐是人体美的具体体现。被面试者的形象设计要在对称、均衡、和谐上下工夫，不能为了追求自己的个性而破坏了“对称、均衡、和谐”的原则。形象设计的成功与否不是取决于被面试者自己的感觉，而是取决于面试官的感觉，所以被面试者应该更多考虑共性以接近面试官对形象的要求的真实。感性地凭自己的喜好，或者主观地臆断面试官的喜好来设计自己面试时的形象都是不可取的。80后、90后、00后，都有自己的审美，但面试官不一定是我们这些被面试者的同龄人。即使是同龄人，文化教育的背景不同，审美差异也仍然巨大。所以，许多被面试者在考虑自己的着装、化妆、饰品的时候，总是无奈地择取“中性”（或“中庸”）。心灵美呢，以思想意识、道德情操、精神意志、智慧才能等为内容，它不是一蹴而就的。一个内生活很崇高的人，不用有这方面的担心。人的这种心灵美，是在美的环境中长年累月养成和积淀的。同等学力，同样年龄，差不多的经历的两个被面试者，一比较，不一样就是不一样。聪明代替不了高雅，富贵代替不了高贵。所以有人说，高贵是刻在人的骨子里的。

所谓艺术美，指的是存在于一切艺术作品中的美，是美的艺术呈现。艺术美追求典型性、主观性、永久性。典型性总是排除非主流的，所以被面试者呈现在面试官面前的形象刻意地非主流化，那肯定是错误的。是的，面试的成功与否，就取决于在众多的被面试者中是否“脱颖而出”，因为面试总是一种“择优”而不是“过关”。被面试者的胜出，更多的是靠质的提升，在同质竞争中力求上位，而不是错位竞争。那种强化自己“人无我有”的优越条件的错位竞争，在面试前的资格审查或资料申报中已经完成。当然我们不排斥因为“与众不同”而获得面试成功的小概率事件的存在。艺术美的主观性是对审美主体而言的，被面试者在面试中成了审美对象，面试官是审美主体。聪明而有能耐的被面试者会通过对面试官性别、特征的迅速把握而不断调整自己的形象呈现。这种投其所好是符合美学原理的。艺术美的永久性强调的是美对时代对历史的超越，力求美的“永久的现在”的实现。这一点似乎对被面试者来说有点玄虚，但被面试者若能适当地与时俱进，体现适度的时尚和现代，面试时的形象就会表现出一定的艺术性。其实，有没有这种时尚和现代，是这个被面试者区别于那个被面试者的一个尺度，在面试官形象合成中起到很重要的作用，特别是那种时间不长的面试。面试官的潜意识里都有对被面试者先进、现代、有品位的要求，这，不容置疑。

视觉识别技巧与成长设计方法

在 CI 设计中最为直观、具体的是视觉识别，读着视觉识别艺术的文字，想着孩子成长设计的方法问题，得出一个结论：我们可以把视觉识别原理运用到孩子的成长设计上来。

一、正与倒

广告设计中有许多本末倒置的现象，画面中人或事物一经倒置，人们的视觉关注度陡然提升。心理学家阿恩海姆在《艺术与视知觉》里说：“倒立会使图形完全改变，是由于在大脑的视皮层区域中含有一个占优势的定向的缘故。”孩子的成长设计可不可以倒着来呢？我们先对三十年（姑且这么说，当然二十年、十年都可）后孩子的生活状态进行定位，从这一定位出发往前推断。若三十年后我们的孩子应该是个高级 CEO，那么，二十年后应该达到什么状态，十年后应该达到什么状态，五年后应该达到什么状态，乃至明年今年我们得如何要求，这些都可以作为我们对孩子成长设计中的不同阶段提出要求的基础。人们一旦打破视觉形象的恒常性，便形成了新的视觉冲击力，使日趋平淡的形象又以一种新的姿态出现，那么，孩子的成长规划倘若也能运用这种原理，我们的成长规划和设计一定也会获得新的灵感和创意。

二、置换

通俗地说置换就是“张冠李戴”，用其他事物来取代原结构中的某一部分，保持各部分之间的相互关系。国外有一张广告，一副鞋带系在两块肉上，怪异的画面引人思考，从而让人感悟出“运动能使人的肌肉发达”的广告本意，效果特好。倘若我们先找到成长中的一个成功的案例（模型），拿我们的孩子的脸去“替换”成功者的脸，然后认真比对核定张冠李戴之后形成的两个形象，那么，新形象的不同之处或不和谐之处，便成了我们需要努力去改变的成长设计的目标。当然我们也可以逆着来，用成功者的脸去置换我们孩子的“脸”，得出我们成长设计的目标与路径。成长设计要求设计者熟知（非常了解或极度了解）被设计被规划的孩子，但这熟知又同时生成我们“熟视无睹”或“审美疲劳”。张冠李戴的置换，能唤醒我们对孩子关注的疲劳，从而生成一些成长设计中的新的亮点。

三、反比例

神话故事里一只鞋子可以变成婴儿的摇篮，那么，我们也可以把孩子的一张绘画作品或一篇好文章看成孩子成长发展的全部；孙悟空一个筋斗十万八千里却跳不出如来佛的掌心，我们也完全可以把孩子严谨的整理书包的好习惯看成孩子成功的全部资本；一只硕大无比的耐克运动鞋上可以站满各类运动员，孩子舞蹈时的美丽笑容也完全可以放大成孩子的一生幸福。成长设计，关注孩子成长中的细节，在细微处下功夫，在细微处精雕细刻。科学地放大孩子的优点，我们便拥有了孩子良好发展的开端。不要不把孩子的“细节”当回事，也不要一切都按正常比例来设计孩子的未来，成长设计有时需要“非常规”。

四、影子

无论是投影还是倒影，都是事物本身以外又与事物有着神奇关系的事物。有人说得好：“漓江中的倒影不属于水而归于两岸的群山，窗前的倩影不属于窗却又呈现得分外清晰。”影子，是事物的派生，但影子有时也并非仅仅是原物的被动显现附属。幽静的池塘边，一个人头戴耳机，正安然自得地钓鱼，而在水中的倒影里却出现了一支小乐队。这幅广告，让人们关注这袖珍录音机，效果很好。孩子成长过程中，我们必然设计孩子的各种活动，每一种活动的实际价值往往都大于我们设计时的价值。为孩子安排一项活动，我们原本一般都只有一个单一的目标，但一旦进入实际操作阶段，设计的事物往往比我们预设的复杂得多。我们计划让孩子参加一次支教活动，孩子会收获许多支教之外的经验和感悟；我们安排孩子进养老院慰问，孩子会收获许多与尊老爱老有关却又不止是尊老爱老的情感和思想。让孩子参加社会实践，实践活动其实只是一种载体一种途径而已，重要的是这些活动带来的其他收获。这就是影子的价值。

视觉识别技巧除了“正与倒”“置换”“反比例”“影子”之外，还有“破碎”“符号化”“夸张”“渲染”等。

所谓“破碎”，就是形象的分离和重组。事物在静止完好的状态下往往因为人的熟视无睹而被人忽略，一旦失去了常态，人们的注意力反而随之集中。1984年，美国纽约举办“日本平面创意设计展”，设计师户用正寿设计的7幅一组的酒类广告招贴，将完好的图片撕碎后拼贴，以独特的“破碎美”赢得了金奖和银奖。把这种“因为不完整反而招致人们更多的关注”的原理用到孩子的成长设计中去，我们会发现成长设计方法又多了一种很有效果的“非常规”。比如，在孩子升留级的问题上让孩子跳级，因为跳级，老师、家长还有孩子自己都会更重视学业。这种“重视”往往提供给孩子更大的学习动力，从而使孩子取得更好的成绩。我们让孩子放弃国内学习的常规课程而去攻读国外的同等课程，我们让孩子一年国外就读一年国内就读，我们让孩子休学一年去从事社会活动或专攻一门外语，这些其实都在不自觉地运用了“破碎”的原理。

“符号化”也是视觉识别的一种技巧，它是指用一种创造性的新的符号给某种事物以某种意义。第一个把少女比作鲜花或者把儿童比作祖国的花朵的人，便在进行符号的创造。把出国留学归来的人称为“海龟”，把出国留学归来尚未找到工作的人称为“海带”，都是符号化的成功地运用。有一幅招贴，画面是一条蛆虫正在蚕食一个苹果。把苹果比作社会，把蛆虫比作贪污者，主题表达十分形象深刻。某家公司开业，以鸡蛋破壳这一符号表达公司的艰难诞生，可谓言简意赅。成长规划和设计中有许多抽象的道理，非专业人士有时很难理解。美国的大学喜欢啥样的学生，我把这个问题的答案概括为三个词组，即“创新精神”“领袖品质”“慈善之心”。一遍一遍地给家长给学生解释，效果都不理想。倘若我们运用“符号化”的原理，用三种事物形象地去取代这三个词组，把这留学申请中必须解决的重要问题解决，善莫大焉。

再说“夸张”。“夸张”就是借助想象抓住被描写对象的某些特点，对其性质、状态、数量、程度加以明显夸大，突出事物的本质属性。摄影广告常常借助这一手法，以奇特惊人之笔来吸引受众。成长设计呢？我们也可以运用这种手法。少参加一次社会实践活动其实也没啥，但我们需要“夸张”，我们强调这“少了一次”的后果，我们通过对一种“具体”（或“个体”）的夸张来求得突出“抽象”（或“整体”）的效果的实现。夸张，从本质上讲它是一种“强化”，我们在孩子的成长规划和设计的问题上要突破传统和常规，走出思维的常态，“夸张”其实是一种必须。

与“夸张”的原理比较接近的便是“渲染”。许多广告画面，都是用环境、景物作为陪衬，用对人物的心理暗示或诱导来突出商品主体。“渲染”其实就是尽可能让受众在自觉状态下进入创意设计者的善意的“圈套”，从而接近事物的真实和本质。要让孩子自觉接受成年人的某种成功经验，要让孩子深刻认识老师和家长的某种良苦用心，我们也离不开“渲染”的途径，把孩子放进某种强化了的情景中。让孩子上街推销 T 恤衫，让孩子感受高考三天的煎熬，让孩子参与生存体验，我们在设计中已经不自觉地运用了“渲染”。

第二章　在历练中提升孩子的人文品质

人文、宽度及其他

分析ED申请成功与失败的案例，我再一次深深感受到孩子人文素养和人文品质的重要。

标化考试中的作弊怀疑或许会使招生官看待标化考试成绩出色的孩子时戴上有色眼镜，但这不是大批考绩优秀者被拒的主要原因。除了高得接近满分的考分外，如果招生官看不到孩子的其他业绩，看不到孩子出挑的人文活动业绩，感受不到孩子高品质的人文情怀，被拒是必然的。

经过几年十几年的招生，国际牛校的招生官们已经比较全面而深刻地了解了中国学生中的“考霸”和“理工男”的本质。所以，要排除那些高分低能的“考霸”和为研究而研究的研究虫似的“理工男”，他们必须而且一定拿“人文”说事。

高分低能的“考霸”一定是人文精神缺失的书呆子；不具备良好人文品质的“理工男”成不了真正的科学家。中国人有这样的认识，美国人、英国人还有其他国家之人也有这样的认识。因此，在对孩子的总体考量中，如果人文感弱（或特弱），那么分越高、奖越多，“考霸”“理工男”的标签就越明显，被拒的概率就越大。

不要以为孩子读的是文科就认为孩子就有天然的人文素质，也不要以为孩子读的是理工科就认为孩子天然缺失人文素质。

孩子读了文科，喜欢文史哲艺，只能说具备了人文素质养成的良好条件，至于能否养成，能养成到什么程度，取决于孩子自身的追求。用国际牛校择生的通识标准（我们概括为16字）“慈善本心、创新意识、批判精神、领袖品质”作对照，文科生若不是一个善良正直大爱之人，不敢冒险没有创意不会创新，人云亦云一百个YES照搬照抄，惮于陌生不会协同不敢担责，即使历史知识如数家珍，文学名篇倒背如流，哲学常识头头是道，也难掩其人文品质低下的本质属性。

孩子读了理科，看似不喜文史哲艺，但若能于纯粹的自然科学的爱好中逐渐生成“为人类发展而科学”的崇高精神，能于刻苦钻研中让科研灵感厚积薄发，能于别人或前人的科学研究里批判错误寻找正确，能于团队协同调查研究中负责任有担当，照样是一个人文品质优秀的孩子。

作者在美国斯坦福大学

为什么留学申请PS不能流水账似的陈述社会实践活动的次数和经过而忽视活动中生成的感悟和思想呢？为什么ESSAY的陈述必须追求独特和深刻呢？为什么面试中招生官并不看重被面试者对他（她）提出的问题回答的正确与否而看重被面试者能不能由此问题引出彼问题并引发对彼问题的看法和思想呢？回答一句话：因为招生官在寻找留学申请者的“人文”。

努力提升孩子的人文品质，就是努力拓展孩子的成长宽度。

没有一定的宽度就很难有深度。美国大学学生一般到了大二大三才确定专业，中国的高中教育改革淡化文理分科，都是出于孩子成长的宽度的考虑。

50后、60后常标榜自己虽然没有如现今孩子这样那样的被指导、被设计、被规划，但同样有学识、有能力、有成就，一个很重要的原因便是成长中有一定的宽度，即使种种原因打乱了学业，也能在广阔的生活天地里比较充分地得到社会土壤的滋养。

留学生和留学生家长，面对别人“为什么要出国留学”的诘问，总是弱弱地答一句“让孩子开眼界”或者“不适合国内的教育”，其实我们完全可以掷地有声地说：为了孩子的真实成长，为了孩子人生的宽度。

人有许多活法，当大官赚大钱开豪车是一种，走出去知世界提品位是另一种；主席台上的领导权威专家西装领带鲜花掌声台下却常常焦头烂额是一种，塞纳河边蓝眼睛高鼻梁金色卷发酒吧扎啤罗宋烟却时有心灵的慰藉和感情的激动是另一种；几十年如一日有深度地做成一件事是一种，几十年不如一日地努力拓展改变现状有广度地乐享许多事是另一种。

强化孩子的人文吧，记住，人文底蕴深厚的孩子更懂生活的选择。

培养学生与培养考生

学生和考生是一对包含与被包含的种属关系的概念。

在孩子成长的问题上，校长、教师、家长没有人会选择“培养考生”而放弃“培养学生”的，但是，我们的教育行为并不像我们的选择那样立场坚定、旗帜鲜明。

非常佩服北京四中的“贵族精神和精神贵族”的教育。20世纪60年代，北京四中以拥有大批党政军高级干部子弟而闻名，自然形成“红色贵族”的摇篮。从李敖到陈景润，从刘源上将到陈凯歌，许多政界、商界、学术界、文化界的“大名字”都出自四中。

这是“精神贵族和贵族精神”的胜利。

近年来，每年都有95%左右的毕业生考入重点大学，其中40%被北大、清华等录取。校长刘长铭答记者问，谈到应试教育还没有得到彻底扭转的状态下一个不能回避的生源问题时，回答说：“至于生源，就是中考考的，也都是一些普通中考生。当然录取的分数要高一些。”

录取分数要高一些，高了多少？没说。有趣的是这个“当然”。“当然”者，“理应如此”“不这样不行”也。以小人之心度君子之腹，其意有三：一是四中的优秀生源已经形成了“惯性”，所以不愁；二是四中有好生源，无可厚非，四中的辉煌历史就是获取优质生源的当然资格；三是没有好生源，四中的高升学率哪里来，这是一个对四中来说不是问题的问题。

现在许多牛校，可以回避生源问题，回避高考升学率，用鲁迅的话说就是“髦得合时”，越是轻描淡写地解说高考升学率问题和生源问题，笔者越是觉得有问题，而且有大问题。

仔细看看，仔细想想，许多牛校“学生”味仍然很淡，“考生”味仍然很浓。

“我们尊重小孩的兴趣，不往考生培养，而是往一个健全的、有自己的兴趣倾向的人去培养，这是一个普遍的规律，所以其他任何学校都可以做到。”意思是，我们培养“学生”，我们不制造“考生”，这是任何学校都能做到的。这种教育理念的倡导，很有意义和价值，但笔者仍然怀疑，因为国内许多名校，还是把培养“考生”作为主旋律的，这是不争的事实，

钱文忠先生在一次教育演讲中，把对基础教育的态度概括为四个字——“我不相信”。

笔者以为，已经在真正努力“培养学生”如四中的学校还不多，打着素质教育培养“学生”的旗号行狠抓应试教育制造“考生”之实的学校却很多。

从这个角度看问题，我们也不必太把新东方当回事。新东方的辉煌让万千家长孩子刮目，让千万培训机构垂涎。为什么？考试的高本领啊。笔者想问，新东方已经生成了多少“贵族精神和精神贵族”？新东方的胜利，是培养“考生”的胜利，不是培养“学生”的胜利。新东方的教育内容里没有多少“合伙人精神”，多的，还是应试的元素。新东方要把本质上的培训机构变为本质上的学校，为时尚早。这道理很简单，但是我们许许多多人却没有明白。

《除了刷分，中国学生拿什么去叩美国名校大门》一文，给准备留学中的孩子四点建议。建议一，找到自己的独特性（个性，是贵族精神的直接构成，是精神贵族们的基本品质）。建议二，参加与兴趣及发展相关的活动（特长是精神贵族的高

雅的体现)。建议三：积累人文素养（没有人文素养就不能与“贵族精神和精神贵族”挨边)。建议四，懂得美国东西部学校、公私学校有别（发现美国不同学校的不同特色，找到与自己的“贵族精神和精神贵族”发展目标一致的学校)。

这四点建议，很好。

《搜索》视角下的教育乱弹

一千个读者有一千个“哈姆雷特”，《搜索》观后，说法不一、感想各异当然也在情理之中。

或曰“女人祸水”。“不让座”事件被媒体曝光，叶蓝秋成了一个“标本”——烈焰红唇，美丽而道德败坏的“小三”。高圆圆被拍得美艳绝伦，倾国倾城，却让影片中不多男角色中的主要两位呵护心骤现、荷尔蒙乱冒。陈凯歌，你到底要表现什么？愤愤然之后就否定了《搜索》，否定了陈凯歌。

想到了教育。教育没有高圆圆般的光鲜和惊艳，却有着叶蓝秋一样的命运。不是吗？大家都说当今的教育不是素质教育，因而如何如何的可恶，但又有多少人在为这个“非素质教育”的脸上贴金，之后唾沫横飞地“评奖—获奖—推广”呢？即使明知其正在违背教育规律，也在无奈的叹息声里“不情愿”地推波助澜，或者在集体无意识里大冒“教育荷尔蒙”。

或曰“新闻冷暴力”。是的，陈凯歌要通过《搜索》展示当今媒体的弊端和媒体人的众生相。陈若兮为住房而奋斗的“适者生存”，道出了媒体行业形成现在这一种良莠并存、高雅和低俗同在的现状的根本原因。在激烈竞争之下，一些拥有“话语权”的新闻人沦为了“媒体民工”。无怪乎狗仔队为了吸引世人眼球挖空心思、疲于奔命，甚至不惜牺牲自己的自尊和道德。

又想到了教育。教育也正在遭遇冷暴力，而且遭遇的是隐性冷暴力。

暴力的危害，世人一目了然；冷暴力的危害，世人未必全知；隐性冷暴力，意识到了的人更少。为了考试分数，我们抢占了孩子们的活动时间，强占了孩子们休闲养心、享受成长的时间；为了教学效率，我们强化了教学的密度，消灭了孩子们学习中本该有的“留白”。这是教育的暴力。打着为孩子未来幸福的旗号，我们大喊大叫着教育创新，却给本性好动的天真的孩子戴上“乖乖儿”的高帽以促使（或说“胁迫”）孩子不犯规、不越雷池一步，以致真的造就许多个绵羊般温顺着的乖乖儿。这就是教育的冷暴力。教育者从自身对社会的固有的认知出发，让受教育者长期“熏陶”在自己设计的成年人的世界里；社会的传统势力也在无处不在地、千遍万遍地叮嘱孩子诸如“乘车必须让座”的真理。不管愿意不愿意，我们把孩子放进了既成的教育氛围里。既成的就是合理的，既成的就是正确的（叶蓝秋怎么可以如此大胆冒天下之大不韪地让一位老者坐到她的并呈的膝盖上呢?）。我们常常把教育本质上假设的、需要论证的东西当作了教育的原理和真理，用机械的线性思维去武装孩子的头脑，这些都是隐性的教育冷暴力。

世界的未来我们可以预设，但世界的未来本质上是不可知的，许多人类不可知的东西，就像叶蓝秋不为人知的拒绝让座的理由一样，不以人们的意志为转移地存在着。有智者讲得好：“《搜索》告诉我们，眼见不一定为真，耳闻不一定为实。”现代文明在给人类以光鲜的、惊艳的生活享受的同时，却也更高层次地模糊了真假、善恶、美丑。雾里看花，水中望月，你能分辨这变幻莫测的世界?涛走云飞，花开花谢，你能把握这摇曳多姿的季节?

提高教学效率，这不应该是我们教育人的骄傲，这是作为教育人的最基本最起码的思考；关注人的成长和幸福，这是尚未被应试教育异化的教育人都该有的思考，也不应作为居功自傲的理由；如何让教育为人类社会的积极发展作出贡献，如何让教育走在社会发展的前列并引领社会的发展，这才是教育智者应该多多思考的问题。佩服邓小平 1983 年就提出的教育发展主张：“教育要面向现代化，面向世界，面向未来。”

观《搜索》，说教育，知我者和曰“不无道理”，烦我者对曰“危言耸听”。

《北爱》告诉你什么叫成熟

整部《北京爱情故事》，最感人的是程峰（朋友称他为“疯子”）在看守所喊出的那一声“爸”。

老程，这是“疯子”一直对他老爸的称呼。因为死去的母亲，20 多年来“疯子”一直无法原谅自己的父亲。20 多年以后的一天，老程，为了弥补对儿子的伤害，当大德公司危机来临，毅然不惜触犯法律操控股价为儿子留下一笔巨额财产而锒铛入狱。看守所十五分钟的见面，没有多少言语，但父子俩彼此已经达成高度的理解和深度的原谅。十五分钟后，当老爸又被铐上见面时暂时卸下的镣铐，当老爸的背影即将在笼子般严格防守的通道里消失，儿子一声响亮而短促的“爸”，喊住了老爸沉重的脚步，喊回了老爸无奈而慈爱的目光，同时，也喊出了儿子自己的成熟。

就把这一声“爸”当作程峰成熟的开始吧，那是因为程峰的人生到这一时刻已经完成了作为一个“富二代”纨绔子弟般猎艳游弋的盲目人生向有责任心、有人生目标、有发展规划的清晰人生的蜕变。

什么是成熟？怎样定位成熟？怎样建立孩子心理成熟的标准？这是我们很难回答的问题。但是，我们可以坚信一点：确立清晰的人生目标并且制定规划付诸实施，这一定是孩子心理成熟的一项显性的标志。

作者在澳大利亚悉尼理工大学参加培训

大学毕业了，但许多孩子的心理还没成熟。应试教育不但造成了我们许多孩子的“高分低能”，更可怕的是造成了我们许多孩子生理与心理的错位，造成了许多孩子的心理变异和畸形。看看周边生理已经成熟的孩子，我们会发觉心理不成熟或很不成熟的大有人在。笔者把不成熟的孩子分为以下四种类型述说：

第一类是“什么都看不上”型。这些孩子眼高手低，自信过了头，自视甚高。对于别人的成就不屑一顾，对于别人的建议嗤之以鼻。还未遭遇生活艰难的程峰就是如此。歌厅酒吧，总以猎艳高手自居；吃喝玩乐，总以奢靡为生活最高境界。在现实生活中，我们有许多孩子就是这样，虽然没有像程峰那样“极端”，但骨子里的好高骛远却是一样的。这些孩子，没有明确的人生目标，更没有建立具体的人生规划，浑浑噩噩每一天。这是不成熟的一种形态。这种形态还不算是最糟糕，因为这种形态的孩子在特定环境下还是有很大转变可能性的。

第二类是“什么都无所谓”型。这些孩子似乎要求不高，从父母的角度看上去很容易“养活”，但是他们在大是大非的问题上也“无所谓”，这就让人头痛。学业好坏无所谓，学校选择无所谓，就业高低无所谓……这类孩子，竞争意识不强，成绩平平；奋斗没有目标，业绩普通。从幼儿园到小学，从中学到大学，沉重的违背意愿的作业，大量的不情愿的学习项目，使我们许多本来很机灵的孩子走向了麻木。这类不成熟的孩子数量庞大。造成此类不成熟，学校和老师有责任，家长也有责任。这是不成熟的又一种表现。此种类型比起第一种的不成熟来，转化的可能性较小、周期更长。

第三类是“什么都不对”型。这些孩子反叛到了极点，对家长、对亲人、对社会都缺乏热情。凡是老师和家长肯定的，他就反对；凡是按常理出牌的生活态度，他就不同意；凡是现实中合情合理的假设，他就反其道而行之。这类孩子“反对一切”的虚无主义态度，因为否定了传统，否定了常规，所以也就无法建立他们自己的生活秩序。没有明确的目标，没有人生的设计和规划。虚无主义者大多都是失败主义者，他们的成长过程中失败太多，所以常常用“否定”来保护自己。这类孩子，只要我们的老师和家长不断强化他们的成功感，强化他们的目标意识，适当施以人生目标方面的压力和积极人生的敦促，实现孩子在短时间内走向成熟的目标还是很有希望的。程峰的成熟，就是因为坚定地爱上了沈冰后建立了自己的人生目标，再加上要为老爸“复仇”的心灵的敦促。

第四类是“什么都没兴趣”型。倘若说“什么都无所谓”型的孩子精神上懈怠但行动上还能有些“行动”的话，“什么都没兴趣”型的孩子，既是精神上的懈怠，又是行动上的懈怠，他们连被动的“行动”都没有。这类孩子很糟糕，因为他们一般都有心理障碍或心理疾病。玩游戏，疯玩电脑游戏不能自拔，除此之外一概没有兴趣；居家、宅家，足不出户，不会打球，不会游泳；很少与同学交流，很少有朋友交游。他们没有实质上的人生追求，没有实质上的人生规划。

这种类型的孩子，其实已经超出了我们研究的“成熟”的范畴，是一种更糟糕的病态了的不成熟。

不成熟的表现虽然五花八门，程度不一，但不成熟者都有一个共同的特征，那就是无人生目标，无人生规划。要让孩子成熟（心理上的真正成熟），我们当老师做家长的，能不能在孩子的“人生目标”和“成长规划”上做做文章呢？我们能不能在孩子建立“人生目标”和制订“成长规划”上切入促成孩子的成熟呢？经济社会，大家都在辛苦地“找钱”，我们把孩子的人生观教育和世界观教育忽略了；应试教育，大家都在追逐着满意的分数和升学率，我们把孩子的心理成长和幸福人生忽略了。倘若我们的老师和家长真的意识到了这一点，那就让我们付诸行动吧。“老程”的悔过和犯罪无意间促成了儿子程峰的人生目标的确立和事业规划的实施，我们“有意”地去建立孩子的人生目标和成长规划的“孩子成熟行动”（姑且这么命名），一定更能取得实质性的成就。就像整部《北爱》最感人的是程峰在看守所喊出的那一声“爸”一样，孩子成熟的那一刻一定是我们人生中最惬意最欣慰的幸福时刻。

比起娱乐性很强的《北京青年》“重走青春”故事来，《北京爱情故事》中青年曲折的爱情更具现实意义。撇开人物形象、故事情节和主题思想不说，单看这一帮子年轻人的成长轨迹，就足以让我们做家长的觉得有意思。伍媚、沈冰、石小猛、程峰、吴狄、杨紫曦、林夏……不同的性格发展和各自的生活变迁，形成了当代恋爱适龄青年丰富多样的成长典型。这典型，囊括了现实生活中孩子们成长的所有类型。在实施“孩子成熟行动”之前，各位家长，我们先好好看看《北京爱情故事》如何？

为了使孩子不再“重走青春”

《北京青年》热播，从头到尾，表达的是一句话：成长比成功更重要。

土生土长在北京的四个堂兄弟，何东（李晨饰演）、何西（任重饰演）、何南（贺刚饰演）、何北（杜淳饰演），家庭背景不同，性格志向各异。他们为了各自的理想，经历了爱情的考验和生活的洗礼。闪电般的分手、心血来潮的辞职，奔烟台，逃深圳，赴云南，重走青春……

这样的一种冲动心态，这样的一种奇特行为，岂止北京青年？他们是现实中城市青年乃至全国青年的“典型形象”。青年人生活在父母安排好了的“生活里”，他们从方格的卧室里起床，坐进方格的汽车去上班，走进方格的单位办公室，坐在方格的工位里，面对方格的电脑……一切都是那么的有规有矩，每一天的事都可预设，他们希望走出父母的“拥抱”却总是很难突破父母的温柔的羁绊。

有人说，如东西南北四兄弟般能把“重走青春”付诸具体实际行动的当代青年并不多，所以电视剧《北京青年》脱离现实。我说：非也。大学毕业生中有多少人已经有了精神上的出走？年轻的公务员中有多少人对“重走青春”心驰神往？又有多少年轻人有意无意间怀着“走异路，逃异地，去寻求别样的人们”的心在等时机、寻机会？其实，当一个人的心已经“出轨”，“重走青春”是否付诸实际行动已经并不重要了，何况，如东西南北四兄弟般以不同的形态“重走青春”的人数会越来越多，出国留学的孩子越来越多便是一个例证。

有人说，年轻人的青春想重走就让他们“重走”呗。我说：不行。之所以不行，不仅仅是因为“重走青春”浪费了年轻人“年轻”的时间，也不仅仅因为“重走青春”带来了一系列的家庭矛盾和社会问题，关键是年轻人在“重走青春”之前的生活，养成了年轻人的不良习惯和心理“断奶”期的推迟，从而影响了年轻人的世界观、人生观，削弱了年轻人的“入世”能力。所谓的高分低能，便是明证。说得明白一点，年轻人在“重走青春”之前的名为“有序生活”实则“蹉跎岁月”的假青春时光，已经销蚀了年轻人成长中自然天成的良好能量，致使年轻人的成长出现了不同层次的问题。仔细审视“东西南北”四兄弟，这种成长中的问题都或多或少地存在。当一棵成长中的树木出现病态的时候，要让这棵树回归到正常的成长轨道上来，就要付出很大的代价，况且，树上的伤痕或病痕是无法去除的。因此，从这个角度看，应试教育的祸害，不仅仅害了学生学龄阶段的成长，而且害了求学阶段之后的成长，更严重的是，这一代人的成长中的问题会影响他们的下一代甚至更多人。

何守一（何东的父亲）在孩子们出走之后的理性分析，很有道理。大意是：

年轻人的假青春，错不在他们，错在我们家长、老师，错在我们的社会。我们错在哪里呢？我们的错有三：一是我们把对孩子的成长规划搞成了成长规定，成长规划和设计没有可塑性（或弹性）和开放性。二是我们在孩子成长的问题上缺乏前瞻性，把眼前的良好的成长当作今后必定成功的充要条件了，在人云亦云的成长理论里看问题，没有认真去思考孩子十年、二十年之后的生活状态，这是我们家长和老师的一种惰性。三是我们看重成功而不看重成长，我们不遗余力地去重视孩子成长过程中在一个个关键节点上的成功（比如各种升级升学考试），却忽视孩子成长中的真实状态，轻视了孩子成长中内心的真实诉求。

成长比成功更重要，我们追求孩子成功的成长。从这一角度出发，倘若一定要给孩子出国留学找个理由，那便是：留学会使孩子不“重走青春”成为可能。

爱的模糊与自然

影片《桃姐》，没有强烈的戏剧冲突，也没有生动的故事情节，仅仅依靠影片主人公之间的情感，让观众融进了人物的生活，体悟亲情的温馨与感动。网上好评如潮，说桃姐（叶德娴饰），话 Roger（刘德华饰），都明里暗里一个词——感动。

我想说说“桃姐”与“Roger”之间的爱的问题。

桃姐与 Roger 的关系，恍如母子，又不是母子；非母子，却又胜似母子。桃姐对 Roger，集敬与宠于一身。正是这种似非而是的母子情义，构成了一种十分特殊的温馨，生成了电影中大量的充满浓烈的生活情趣的细节。Roger 带桃姐去散步，闲聊共同的家常，笑谈各自的爱情，均以两人开怀大笑收场。

有网友说这是一种爱情，也有说这是一种弗洛伊德式的“恋母情结”，我不妄加评论。我们的博客以孩子成长设计为主体，我们关心的是孩子成长，关注的是现实中母子亲情关系的真实实现问题。

在现实生活中，这种“桃姐”与“Roger”般的“母子关系”太少了。

高中男生，大学男生抑或走上工作岗位的男生，与母亲少交流甚至基本不交流的大量存在。为什么我们的男孩子与母亲的那种亲情达不到“桃姐”与“Roger”般的亲热呢？为什么我们家长中大量的母亲“剃头担子一头热”地去爱孩子，沟通却越来越少、越来越难呢？我想，中间一个重要的原因就是母子关系太过明白。有些家庭很民主，父母子女朋友相待且无话不说，就是因为淡化或者模糊了这种辈分的缘故。

爱，是一种模糊（说“糊涂的爱”也行），太明确关系的母子“亲情”，往往会淡漠了人类那种天然的固有的本能的亲情。Roger 叫桃姐一声“干妈”，却实现了母子亲情的顶级表达，这个问题，应该引起我们这些在对孩子的关爱中无奈着的家长们的深思。

Roger 和桃姐的大部分对话都是在饭桌上完成。Roger 轻轻说一句“很久没吃牛舌了”，桃姐（知道牛舌胆固醇高对身体不利）嘴上说着“很久没吃就不要吃了”，却在背地里为 Roger 精心烹调牛舌。喝冰可乐不好，而 Roger 特别喜爱，所以桃姐总是避开 Roger 母亲的视线，睡前悄悄把冰可乐塞给 Roger。

什么是爱？什么是溺爱？理论上都能说清，生活中我们却很难做到泾渭分明。在“爱”与“溺爱”之间，还有许多爱的“中间地带”，两极的事好说，“中间地带”的爱就难以述说。爱与溺爱是存在的，介于两者之间的“爱也非爱”或“非爱也爱”同样存在。桃姐不懂这些深奥的道理，也不懂教育成长的理论，但她出于一种本能，实现了“溺爱”到“爱”的转变。

在爱孩子的问题上，我们虽然不能说“爱没有原则”，但我们能不能淡化这些原则。理由能说得一清二楚的爱是不是真爱，这值得探讨，但对孩子的无痕之爱和本能之爱，才是自然的纯爱。从这个意义上说，桃姐的“牛舌”和“可乐”与地震中用自己的身体保护孩子的母亲的爱一样伟大。

我们不妨带着这种对“爱”的认识看桃姐孤单的死。生老病死，枯荣盛衰，向来皆自然常理。桃姐油尽灯枯，Roger 纵有千般不舍，万般留恋，也只是空有无奈之心。桃姐弥留之际，Roger 却要出差，他对医生说：“麻烦你直接送到太平间，手续等我回来办算。”乍看不合人之常情，我们在心里指责着 Roger 的不是。但后来细细想着，觉得这样做也在情理之中啊。桃姐死时肯定是 Roger 最悲伤的时刻，生命中不能承受的痛，为什么一定要直接承受呢？有没有别样的方式，让活着的人的痛“缓释”？况且对于桃姐来说，她也肯定不希望把这种痛加在 Roger

的身上。Roger 的这种淡定的态度，表达的恰恰是一种升华了的大爱。

作者在美国康奈尔大学

当祖辈父辈寿终正寝，按我们的传统习俗，晚辈必须团团围起，倾听逝者留在这个世界上最后的微弱的声音。我们用一个“孝”字解释了如此这般的所有的内涵，我们用一种认真的形式表达了一种严肃的内容，这无可厚非。但我要说，痛中之痛不及痛定思痛，爱与缺憾相伴，爱就会更显高洁。爱，应该没有压力。我们给孩子以压力的爱，说明我们的爱还不够纯粹。任何面对孩子说的诸如“父母已经为你们竭尽全力”“父母老之将至，孩儿得在身边”或“孩子长大要孝顺”云云，都会让爱走向反面。要爱得自然，没有压力是前提。

感谢《桃姐》告诉我们：让爱模糊一点，让爱自然一点。

观《中国好声音》节目，想孩子的“高贵意识”

通过自己的努力让自己过上富裕的生活，这没有错；父母为了孩子长大后能过上体面的生活而要求孩子刻苦用功，考取好大学，获得好工作，这也没有错。问题是，全社会都在找钱、全国人民都在奔小康的大环境，造成了孩子成长设计中把目标锁定在“富贵”，这就有问题了。

“富贵”与“高贵”虽然一字之差，但却成了我们孩子成长规划和教育教学的大是大非问题。

《中国好声音》收视率特高，策划者的确动足了脑筋，汲取了以往娱乐或 PK 类节目中的成功点，把此类节目推向了极致。我们为歌者动容，我们替导师感动。从刘欢、那英到杨坤、庾澄庆，Hi 劲感染观众不言而喻，激情冲击听众无可厚非。

当节目结束，当感动过去，总觉得有一种东西让我们的心难受。

歌者都有好声音，这声音离“天籁”不远。中国有“这样”的好声音，中国还有许多许多“那样”的好声音。“这样”的好声音是中国的，但中国不止于仅有“这样”的好声音。所以，以“中国好声音”名之，或者在好声音之前冠以“中国”，不妥。

摇滚是好声音，好声音不只是摇滚，“中国好声音”当然不只是中国式的摇滚。

摇滚在艺术表现上理所当然是夸张的，因为表演者的内心非夸张不足以表达，所以只要内心是真实的，外在的表现也具有了价值。但问题是，夸张超过了“度”，歌者明显“失控”，表演就走向了真实的反面。

为什么歌者都追求“尽可能的与众不同”呢？为什么歌者都在“求异”上大下苦劲呢？回答两个字：个性。猎奇地追逐“个性”，无所不用其极地追逐“个性”又说明什么呢？回答两个字：“取胜”或“成功”。为了这个“个性”，原生态成了歌者的法宝；为了这个“个性”，光头、奇服、特型成了歌者击败其他歌者的杀手锏。

我们追逐原生态中人类的本真的东西，但原生态不是我们艺术发展的方向；我们返璞归真，但原始不是人类发展的目标。人类的艺术，人类的文化，人类的文明，一定朝着高雅、高贵、高尚的方向发展。倘若真是“好声音”，这声音一定高雅、高贵、高尚；倘若是“中国好声音”，这声音一定能积攒中国人的文明之气，集聚诸如刘欢的“从头再来”般的中国社会的正能量。个性与共性并存，特色与本色同在。合乎情理，才能出乎意料；出乎意料，必须合乎情理。任何艺术样式或文化节目，有意无意引导人们走向高雅、高贵、高尚的反面，都是不好的。

总觉得，刘欢不应该在这导师席上。

庾澄庆的一句戏言“猴子是最摇滚的”，让我们感叹艺术的“正能量”正在某些局部失却。

回到孩子的高贵意识的问题上来。

无论是西方还是东方，贵族教育中的优良理念都应该成为我们教育中不可或缺的东西。英国伊顿公学有这样两条规定：一是家长在开学后的三周内一律不准探望自己的孩子。二是每栋宿舍楼为一个集体，统一实行严格的军营化管理。我们总以为贵族学校的学生可以也应该是养尊处优的，“苦行僧”生活与贵族学校的孩子没有关系，事实并非如此。

我们对贵族精神的理解不够全面，我们有时把贵族精神曲解为暴发户精神。路易十六王后上断头台，王后踩到了刽子手的脚会说一声“对不起”。英国国王爱德华到伦敦的贫民窟视察，在一个东倒西歪的房子门口面对一贫如洗的老太太说：“请问我可以进来吗?”

富的是物质，贵的是精神。高贵与富裕没有关系。父母有钱财却没有高贵之心，照样很难培养出孩子内心的高贵。父母虽贫困却高贵，同样具备培养孩子高贵品行的条件。学校也一样，穷困学校照样可以出高贵的学子，贵族学校也总有纨绔子弟。所以我们完全可以建立这样一种认识：贵族精神的高贵之处，在于“干净地活着，优雅地活着，有尊严地活着”。具备贵族精神的人们，不会为了现实利益而不择手段地去取胜。我们完全可以如此批判自己：我们培养不出孩子的高贵，那是因为我们家长没有足够的高贵。

功利，是贵族精神的大敌。追求一种超功利的大气，这是一种我们不可丢失的教育理想。

也是那一根“稻草”——观《心术》有感

电视连续剧《心术》本着最客观的视角，直白地揭示了今天人与人之间的信任极度缺失背景下的医患对立，让人唏嘘扼腕。但《心术》的主题是积极的，它希望弘扬“信、望、爱”。

有医生网友发帖：行医十七年，那种压力和心累是说不出的，绝对不是有些人轻描淡写说“哪个行业都有压力”如此简单……常常睡梦中醒过来，直到第二天看患者情况还好，心里才踏实些。如果有什么不良反应，会继续担心下去。手术日复一日，心里的压力也日复一日……如果我能重新选择，可能真不会搞医了。

想到了教师这个职业，教师何尝不是如此。

医生与老师是两个邻近的职业，有许多相似之处。医患关系这样对立着，教学关系又何尝不是紧张着呢。

当家长把孩子交到老师手里的时候，就如病人（或家属）把自己（或病人）交到医生手里，一样的“笑容可掬”，一样的“好话说尽”。但一旦孩子在学校出了点“状况”，或者学习成绩没有达到家长自己的预期，或者毕业后没有考上理想的高一级学校，家长态度就完全不如从前了。脸色不好看还是轻的，责难已经成了一种“理所当然”，更有甚者，当着孩子的面说些难听的话，或在网上发帖，让学校尴尬，让老师扫尽颜面。看下面几条家长帖子的标题：

“××学校玩了教育局还是耍了家长们?”

“与狗争食的学校中餐，让我们家长情何以堪?”

“××（指学校），你的诚信在哪里?”

“令人失望的××学校”

……

倘若细读帖子的内容，更有许多让人承受不了的用词。可以这么说，所有骂人的话都能在这些帖子里找到，而且有许多“极词”使用频率很高。《心术》中张晓蕾、于莺莺挨打会激起观众的同情和愤慨，那么，那些被诅咒的学校和老师呢？倘若六六有兴趣，完全可以拍《心术 2》，教与学的关系，也完全可以通过“心术”的途径大书特书的。

学生一出走，教师就得马上检讨自己有没有教育的过失；孩子一跳楼，学校就得马上检讨自己有没有行为的过当。于是，老师就得寻求自我保护，学校就不会在孩子教育问题上下猛药。于是，老师们“宁可气死自己也不批评学生”，学校“宁可关在教室里也不让学生出去晒太阳”。不怕一万就怕万一啊！年轻教师不懂这个理，资深教师可是“深知其意”，只是不“明昭大号”而已。

谁都会犯错，老师也一样；谁都会犯浑，老师也一样。我们可以忍受一百个人中有几个“异类”，为什么就不允许一百个教师中有几个“特殊”呢？同医生一样，教师这行业在拓展视野上没有优势，五年十年后，教师的群体会显得跟不上社会形势，说“传统”啦“保守”啦“落后”啦，都可以，但我们知道能当老师的，当初初为人师之时都是“崭新”的大学毕业生啊。教师中，为事业跃跃欲试者有之，为教育摩拳擦掌者大有人在。十年二十年，老师用自己的“落后”换取了学生的“先进”。哪一个老师不希望自己的学生成功？哪一个班主任不希望自己的学生有出息？老实说，师傅带徒弟还留一手，老师教学生巴不得今天教明天就超过自己。

作者在上海外国语大学访学

教育改革，就如修马路。旧马路太拥挤，自行车、黄鱼车、摩托车，老人、孩子、商贩，交通惨状目不忍睹。好，修吧，筑边沟、剖路面、堆石料，交通惨状“悲惨”有加。那时，就有人会怪声怪气地说：“还不如不修。”不修，就这么一直“悲惨”下去？现在的教育，“路面”已经剖开，“石料”已经堆起，我们想“回归”旧路也不可能了。修路期间下雨，正常；修路期间有人不按交通指示步走或行车，不奇怪。骂天骂人，于交通并无补益，反倒坏了自己的心情，而且久而久之，我们会在自己的骂声里降低了自己的品位，堕落了自己的人格。更重要的是，我们的骂声会让孩子感染，我们的骂声会侵蚀孩子的心灵。事实上，孩子不会因为我们家长对教育的牢骚、对教师的指责、对学校的谩骂而加速进步。更多的情况是，因为谩骂而使矛盾激化，以损害孩子的利益换取家长一时发泄的舒畅。

有多少孩子，败就败在父母图一时痛快的“谩骂”里！

六六说过：“在生活中，人们已经看到过太多不好的甚至是黑暗的社会现象，但是我会选择将它们和光明衬托在一起。这些现象会让众人非常反感、让人不愉悦，人们往往就会不自觉地加入诅咒、抱怨的行列中。可是这么做是没有用的，一定要看到这后面的东西，包括社会的保障、人与人之间的信任和救济，很多问题通过善意的理解、很简单的帮助就可以解决了。”

如果孩子成绩下滑或犯错或出走的直接原因就是老师不当的一句话，那么这

“一句话”也只是压死骆驼的“最后一根草”而已。压在骆驼身上的所有的“草”，有些（甚至大部分）也属于我们家长。所以，这些压死骆驼的草统统让老师认领、让学校认领、让教育认领，显然是不公平的。

当病人生命垂危，要么成为那根救命的“稻草”，要么就是压死骆驼的最后一根“稻草”，医生，别无选择。老师也是。

“梁博的胜利”与“人民满意的教育”

尽管《中国好声音》的年度决赛已经结束很久了，我还是认为吴莫愁应该胜出，可是“中国好声音”最终还是让梁博成了年度冠军。这倒不仅是因为99个媒体单位的投票有利于梁博的缘故，也不是因为梁博的水平略胜莫愁一筹，而是《中国好声音》的定位有问题。《中国好声音》定位于“现在”却没有定位于“未来”。

梁博和吴莫愁巅峰对决的时候，已经不是谁的技艺更好的问题了。到了这一层次的比拼，其实已经很难从能力这个维度去考虑衡量了。即使是很专业的评委，即使他们能说得出选手各自的优劣，也一定说不出谁比谁高出几分，因为音乐本来就很难称斤论两地计算。梁博出人意料地唱了一首《我爱你中国》，不少网友在微博上吐槽称“梁博的胜利，是策略的胜利”，这是真话。我说：“梁博的胜利，不是音乐的胜利，只是大众满意的胜利罢了。”

刘欢曾求媒体开拓中国音乐，他的潜台词是，媒体人看重的是“当下”的“新闻”的“现实”，他们评判音乐更看重现实而非未来发展，这对中国音乐的发展不利，对中国音乐的发展空间的开拓不利。大众呢？当然更加现实。一边是妖女莫愁，一边是阳光男孩，大众，当然选后者的更多，否则他们就不是“大众”了。

发展的音乐，必须有“不确定”和“未可知”的特性，正像时装为大众接受而“走上大街”已经不是“时装”了一样。当大多数人觉得这音乐是“好声音”的时候，这“好声音”已经不是好音乐了。因为好音乐必定是引领现实音乐走向未来发展的音乐；真艺术必然是几年、十几年乃至几十年之后才被大众认可和追捧的艺术。绝对地说，真艺术永远为少数人拥有，大众拥有的一定是“泛艺术”“仿艺术”甚至是“赝艺术”。梁博和吴莫愁，后者不可知的因素更多，这就意味着，可持续发展的空间可能会更大。所以可以这么说：“莫愁的失败，是音乐的失败，是音乐的未来和发展的失败。”

从这个角度看问题，我们可以这么说：《中国好声音》倘若是无意中得到了这种结果，那说明主宰《中国好声音》节目的大腕没有方向感；倘若是有意于这种设计和这种结果，那么，我们不得不说，《中国好声音》节目的本质不是音乐的而是商业的。

说说“办人民满意的教育”的教育问题吧。

一直有这样的想法，认为“办人民满意的教育”的提法不够全面。

人民（或大众）满意的教育，一定是现实的可知的教育；面向未来的教育，一定是理想的不可知的教育。教育除了要服务于社会服务于民众外，还有引领社会引领人类走向文明的功能。我们强化了“办人民满意的教育”，必然会强化教育的眼前问题和眼前利益而弱化了教育未来发展空间的开发和创造。尽管有许多专家学者在为“人民满意的教育”正名，尽管有许多文章都强调“人民满意的教育”是符合教育未来发展和人类发展方向的，但是，我们的教育还是越来越“现实”，“现实”得让越来越多的人怨声载道，“现实”得“明知不对也只能这样无奈着”。

教育的大众化和普及化与教育的贵族化和精英化相生相依、唇亡齿寒。只能齐头并进，不能厚此薄彼。

真艺术在少数人手里，真教育也应该在少数人手里。在少数人手里的艺术和教育，别以为它们尚未为大众接受而缺乏价值，恰恰相反，尚未为大众接受的时期，正是艺术和教育面向美好的未来不断生成蓄积其价值的黄金时期。

当十几年前教育国际化还是少数人的专利的时候，国际化的教育其实本质上已经成为引领教育发展的好教育、真教育，尽管当时有各色各样的诋毁和嘲弄。今天的教育国际化已经如雨后春笋般在全国各地“追逐”“开花”“竞艳”，基本成了一种“大众的教育”，那么，今天或今后我们是不是应该去寻找如它一般十年二十年之后造福于大众的新的真教育了呢？

有多少人（有多少教育人）在考虑这个问题？真正考虑这个问题的人不会多，有太多的人还在教育的“现实”里争“权”夺“利”，太多的学生和家长只关心三年后的高考或四年后的就业。在这种事实面前，我们能不能一边思考办“人民满意的教育”，一边多想想教育的未来以及符合未来需要的教育的“新招”？

好教育，一定是超越大众现实认同的教育；不为世俗羁绊，不断创造新的教育“招数”，不断开拓教育的发展空间，那才是教育的“好声音”。

第三章　家长责任，旁人无法替代

教育，到底是谁的事

每个人似乎都在抱怨教育，每户人家似乎都在抨击教育的弊端。特别是中考和高考后的6月和7月，城市的上空似乎飘着教育的浓云。家长说：现在的学校，糟糕透顶，老师也很有问题，教育行政部门更是有问题，把招生搞得云里雾里的。老师说：现在的家长，一点都不负责，孩子高考那么重要的事也不放在心上，居然使孩子考试迟到进入不了考场。校长、教务主任在家长会上说：什么事情，不能都赖在学校和老师身上。

大学说：国家的投入不够，教育质量提高不快，我们也没有办法。再说了，中学教育的那一套已经使孩子的学习“变型”，大学教授终有三头六臂也回天无力。中学说：不抓高考行吗？家长追着要高考成绩，社会就看你的升学率。要说中学教育死板，小学的教育已经销蚀了孩子活泼的天性了。小学说：都是独生子，都很重要，活动太多，出了问题咋办？安全重于泰山啊。

教育，大家似乎都“没说不是自己的事”，但都在说“是别人的事”，感觉别人的责任应该多一点，自己的责任少一点。

都在往外“推”吗？也不是，在某些场合某些问题上，许多人出奇的“自觉”，他们自觉地扛起了本应该不是自己的教育责任。

高考三天，出租车司机都是好人，他们知道这一天高考生最牛。警察叔叔当然得想高考生所想、急高考生所急，学校门口几个小时不离考点的警察叔叔的身影便是明证。

几个骑自行车的人被家长们强行拉下，几乎跌倒，怒不可遏。家长解释，孩子考英语听力，怕有噪音。一名被扯倒的女子边爬起来，边愤怒地抛下一句话：“谁没参加过高考？至于吗？”

一中考考点外，路东面靠近大门一侧，家长们构成了维护交通秩序的大军。几位父亲甚至跑到主干道上，时刻准备拦下发出刹车声、马达声、喇叭声的车辆。

一位高考学生迟到两分钟，家长给保安下跪（真的是两分钟吗？还是考生入场后十五分钟之后的两分钟？倘若如此，该考生迟到的是十七分钟。为啥会迟到十七分钟呢？干什么去了？家长不是也在孩子的身边吗？）的消息引发了社会上各色人等的唏嘘扼腕。教育出了点“新闻”，大家似乎都想挺身而出拔刀相助了。

为什么孩子考听力周边就得没有一丁点儿的“分贝”呢？你把“静”的理由推向了极致，我也可以把“闹”的理由推向极致呀，难道平常人与人的交流周边都是没杂音的？菜市场里那么热闹，交流、贸易不是都很高效吗？是，考试是应该安静，这一点，考点的学校已经做到了，否则这个考点就不合格。

不知从何时起，每年高考时，孩子考场里考、家长考场外“烤”渐成风气。“陪考”阵容从一个家庭逐渐扩大到一个家族，甚至整个社会。从20世纪90年代中期开始，浩浩荡荡的“陪考大军”都是高考考场外的一道风景。回头看看陪考的变化，已是今非昔比。考场外等待的家长们少了，现场陪考逐渐演变成了接送考，“高考房”“状元餐”“送考

作者在加拿大多伦多大学

车”“高考保姆”等，陪考已从单个考生家庭延伸到了整个社会。

古代人千里迢迢上京赶考，至多一二书童，今人家门口应考却亲友团成群结队。是的，中考和高考的日子，应该是教育日，但教育的日子长着呢，不只是这短短的两三天。家长对教育的热情，能不能贯穿于孩子成长的全过程，贯穿于一年三百六十五天呢？看各种教育论坛、家长论坛，寒假春节寂寞安静，清明时节议论纷纷，招生季节最为热闹。9 月 1 日一开学呢，情况就大不一样了，除了对新学校的生活设施和新教师习惯的优劣家长略有“嗡嗡”，论坛基本上实质性地进入了闲季。学校和老师，难得的“自选动作”时间；家长和亲戚呢，似乎觉得忙季已过去，开学至期中考试来临的两月有余是一段享受不完的优哉游哉的美好时光，于是有了闲工夫，大家都可以围绕教育说些别人的“不是”。

更让人不解的是，教育，同任何人都“有关系”，唯独同孩子的关系越来越不密切了。

考砸了，本来应该是孩子自己的事，教训，经验，再计划，再行动。可是，家长急了。考砸了的孩子家长一致认为“请家教”是当务之急。托人求情，好话说尽，在老师家补习，孩子却被挤坐在厕所边……不够该校的录取分数线咋办？买，用钱买。有钱出钱，有权行权，三年后才恍然大悟，“面子”害了“孩子”，买来的是家长的脸面和孩子跟不上同班同学的“苦难”，却还是“死要面子活受罪”地说“孩子即使读不到成绩也读到了名校的同学”，更有一大堆三年后还是不明白自己的孩子是咋回事的家长。

……

教育问题，说到底还是“真实”的问题。教育不该有忙季与闲季，孩子的成长是“等忙”的。教育若有人为的忙季与闲季之分，说明我们的教育还是处于不真实状态。什么时候教育真实了，许多怪事也就少了。教育就是教育，教育不能任意“加一减一”。应试教育与素质教育的本质区别就在于：应试教育是可以随意增减的教育，素质教育则不是。

我们不能简单地把教育的事推给学校。

越来越多的 80 后，结婚生子，担当了作为家长的生育职能后把养育任务交给自己的父母，这是很不合理的。家长有生育职能，有养育职能，更有教育职能。在漫长的子女的成长过程中，父母的养育与教育紧密交织。忽视了家长的养育和教育职能的家长其实还不是真正意义上的家长。

在这里，想说说家长的教育职能，说说家长不能把孩子的教育全推给学校的三大理由。

首先，凭家长的学历学识，我们没有理由把孩子的教育推给别人。我们的学历不比教师低，我们的思想水平和思维能力不比教师差，所以我们没有理由把孩子的教育推给学校，推给老师。十年二十年前，家长的学历水平低于教师。“文革”后，高考制度恢复，有一大批人进入了师范院校，这批人毕业后在教育事业中发挥了很重要的作用。尽管这些人中有许多进入了教育行业之外的其他行业，但留下的人群，他们比起没读过大学的大多数的家长来，思想水平明显来得高，思维能力也明显来得强。二三十年后的今天，新家长时代已经来到，家长群体里高学历高智商的比例急剧上升。每年的高考，最优秀的考生不去师范类院校；二流的考生也大多不以当教师作为职业理想；三流的考生去了师范，而且他们中有一批人毕业后还是接受不了当教师的事实，跳槽从事其他的行业。先不说大学毕业以后，当教师的与不当教师的是不是同步发展，但就毕业之前的学习受训、知识能力，已经不在同一水平线了。教师比家长多学了一些教育教学的知识和技能，但教师的智商情商，教师的心智技能，不一定超过我们非教育行业的家长。所以，我们应该相信自己的能力和素质，只要认真学习努力思考，我们在培养孩子上肯定会有成效。

其次，与老师相比，我们拥有更多元的训练，我们接触社会、了解社会比教师来得广、来得深。大学毕业后，教师的专业发展比较单一，非教师行业的，发展道路就显多元和开阔。教师受时间的限制，可用来自身发展的时间很少。小学教师或中学教师，他们一般七点半前就在工作岗位上了。乡下的学校，乡下学校里的班主任老师，乡下寄宿学校里的班主任老师，早晨六点前起床的很普遍。当我们把工作之外的时间用于自身发展的时候，教师却把自己本可以用于自身发展的业余时间用于备课、改作业、命题。教师受空间的限制，可用来自身发展的空间很小。一旦进入学校上班，教师就不能自由地支配自己的时间了，学校的围墙成了他们与社会接触的一道屏障，他们在围墙里同学生在一起，快乐着、满足着，却失去了在社会“大风大浪里锻炼成长”的机会。他们在学校里发展着自己的教学能力特别课堂教学能力，却失去了教育教学能力之外的其他能力发展的机会。时间和空间的相对狭小，制约了教师的发展，他们的心智技能仍然没赶上非教师的同龄人。生活的压力，让我们承担了与教师不同的压力，我们认识社会更深刻，我们处理问题会更恰当，我们分析问题和解决问题会更全面。一句话，我们若能真正投入到孩子的成长教育之中，我们的定位会更高，效果会更佳。

另外，教师的职业是崇高的，这不容置疑。这崇高让教师付出了巨大代价。教师的工作必须兢兢业业，教师把工作的外延扩大，把事业的外延扩大，扩大而与生活的外延重合。教书即生活，学校即社会，这就是教师的真实生活状态。他们宁可教不好自己的孩子，也要教好别人的孩子。他们日复一日、年复一年地为下一代、为下一代的下一代辛勤地工作着。他们像园丁如蜡烛，他们的事迹可歌可泣。我们有大块的时间去赚钱，去交际，去国外享受蓝天白云；教师不能家教，很少跑歌厅、舞厅很少去国外享受蓝天白云。当我们为自己的生意沾沾自喜，为自己的升职得意洋洋、觥筹交错的时候，教师还在为我们的孩子循循善诱、诲人不倦、呕心沥血。我们懂得，人要发展首先得打开视野。教师为了崇高却失去了拓展视野的机会（从这个角度看，那些具有宽广视野的优秀教师，的确是伟大的人）。有人在背后刻薄地说教师小气、难处、固执，有人不尊重教师，戏言教师“教着教着把自己给教傻了”，这种悲情，让人真的不堪承受。

越来越多的家长在孩子成长问题上有了自己的主张，越来越多的家长直接参与孩子的教育教学，这不值得我们骄傲，更不能成为我们指责教育和教师的理由，因为社会给我们的比给教师的多得多。倘若我们还是以为教育就是学校的事、老师的事，那我们就枉为新家长时代的新家长。所以，我们必须担起孩子的养育职能和教育职能，在学校的教育教学尚未脱离应试教育、尚未实现个性化的时候，我们就得义不容辞地担当起孩子成长中个性化的成长教育的任务。

我们都在忙些什么？

家长介入教育的面越来越广，程度越来越深，再加上媒体的高频度传播，社会上就生成了一系列家长的另类称呼。我们不妨作一盘点：

一、以国际上的牛校相称

1. 哈佛爸爸（妈妈）——顾名思义，儿女进了美国哈佛大学的父母，都可称之为“哈佛爸爸（妈妈）”。在网上，搜“哈佛爸爸”，多的是“高燕定”的名字。高燕定，燕定美中教育创始人。1986 年旅美，在美国得克萨斯大学任研究仪器专家至今，是独立升学顾问。他深入了解美国教育，熟知美国大学录取要求与申请技巧，近年指导与协助大量中国高中生和大学本科毕业生赴美留学，也帮助在美国和其他国家地区居住的学生考取美国著名大学。其女高倩在他的规划下成功考入哈佛大学后又步入哥伦比亚大学法学院。

2. 斯坦福妈妈（爸爸）——顾名思义，儿女进了美国斯坦福大学的父母，都可如此称呼。搜“斯坦福妈妈”，可以看到很多“徐郁清”的名字。美国硅谷 VIA 高级中学是徐郁清女士作为德怀特学校的校董会成员出资购买的，地处加利福尼亚州。众所周知，加州的跨国企业不可胜数：英特尔、苹果、惠普、雅虎，当然还有朱敏、徐郁清夫妇所创立的世界最大的网络会议提供商 WebEx——传奇的网讯公司。徐郁清与宁波有很深的渊源。

作者在美国康奈尔大学

3. 藤爸藤妈——顾名思义，孩子进了美国“藤”校的，都可如此称呼。“藤”是美国常春藤盟校称呼的简化。美国的常春藤（或称“常青藤”）盟校是美国的牛校。常春藤联盟（The Ivy League）是指美国东北部八所院校组成的体育赛事联盟。这八所院校包括：布朗大学、哥伦比亚大学、康奈尔大学、达特茅斯学院、哈佛大学、宾夕法尼亚大学、普林斯顿大学、及耶鲁大学。

4. 其他——诸如剑桥爸妈、牛津爸妈之类，也有以国内名校称呼的，诸如清华爸妈、复旦爸妈之类。

以牛校校名相称的父母，大多数都是在孩子教育培养上有很高的“造诣”而且孩子升学获得成功的父母。这些父母常常凭借他们的学历、智力，介入孩子的成长设计和规划并一步一个脚印地实施。他们一般都是这一方面的专家，他们在这方面的知识和经验一般超过在校的老师。他们的成功经验，常常可以为我们所借鉴。

二、以动物名相称

1. 虎妈——顾名思义，在孩子的成长教育问题上从严要求、极端要求甚至教育手段无所不用其极。大名鼎鼎的虎妈蔡美儿（Amy Lynn Chua），女，1962 年生，祖籍福建。其父获麻省理工学院博士，就职于加利福尼亚大学。蔡美儿幼年随父母移民美国，获哈佛大学文学学士、法学博士，现任耶鲁大学法学院终身教授。蔡美儿因出版了一本名叫《虎妈战歌》的书在美国引起轰动。该书介绍了她制定的十大家规：不准在外过夜，不准参加玩伴聚会，不准参加校园演出，不准抱怨不能参加校园演出，不准看电视或玩电脑游戏，不准擅自选择自己喜欢的课外活动，不准任何一门功课的学习成绩低于“A”，不准在除体育与话剧外的其他科目拿不到第一，不准练习钢琴及小提琴以外的乐器，不准在某一天没有练习钢琴或小提琴。

2. 狼爸——顾名思义，如狼般“残忍”之家长。譬如萧百佑，香港商人，自称“中国狼爸”，用“打”的教育方式，将四个孩子送进北大。出版教子经《所以，北大兄妹》介绍自己的教育经验。以“打”为法宝的“中国狼爸”继“虎妈”之后再次掀起对中国国产教育模式的讨论。萧百佑因其“三天一顿打，孩子进北大”的口号而被称为“中国狼爸”。他的“打法”有七种：12 岁以后不再打，因为性格、习惯已定型；只用藤条或鸡毛掸，伤皮肉不伤筋骨；只打手和小腿，身体其他部位不打；打前先训话，讲明错误之处再打；一个孩子犯错，其他孩子必须站在一旁听从教诲，看着兄弟姐妹挨打；打之前告诉孩子这次要打几下，让孩子自己数，不多打不少打，数错一下罚十下；孩子必须主动伸手挨打，不能缩手躲避，不能喊疼，缩手一下多打一下，喊疼打得更重。

3. 猫爸——“猫爸”是上海人，名叫常智韬。他认为教育也可以很温柔，踩着轻松的步子和孩子跳一场圆舞曲，就像猫一样。他女儿常帅坚持跳舞 12 年，经常因演出而翘课，却能在上海七宝中学年年获得奖学金，去年被哈佛大学录取了。常智韬给我们家长建议：每个孩子都有特点，家长要认真地去发现，要用心思考如何让这些特点充分发挥。

4. 羊爸——彭成，著名爱国演说家，感恩教育品牌创始人，被誉为中国感恩教育第一人，中国感恩教育之父，数百所大中小学和企事业单位荣誉校长、客座教授、荣誉董事长。感恩是他的教育的核心。彭成对待自己的独生女，没有任何自己强加的愿望。他最大的期望就是女儿能够身心健康地成长，一生都快快乐乐，像个“叮叮当当”的小风铃，活出她最真实最幸福的状态。

5. “鹰爸”及其他。随着教育的发展，一定会有更多的此类名称出现或流行。

以动物名称呼，都是因为家长在孩子的教育态度（说教育观也行）上的不同。谁对谁错，我们先不评说。那么丰富的称呼，足见我们为孩子的成长而忙碌着。是啊，大家都说自己很忙。家长也好，老师也罢，忙一点是好事。问题是，我们在忙些什么？我们的忙碌到底有多少价值？

教育改革，课程改革，老师们都在忙课改。忙“自主学习”，忙“高效课堂”；忙“教育研究”，忙“教学课题”；忙“创先争优”，忙“师德建设”……高校教师教育教学定位高远一点，这么忙自不必说，但基础教育领域的老师，我们把自己的全部精力投入到这些貌似很宏观的教育行动就有些不妥。教育宏观，我们当教师的要了解，但教育宏观毕竟是“上面”的事。让基础教育中的基层老师把精力投入到这些本该由教育行政承担的教育的宏观设计，这是不妥当的。

教育改革，课程改革，教育行政的有关领导，从局长到校长再到教务人员，忙调研，忙下基层，忙进课堂；忙统计学生的作业量，忙调查学生睡眠时间……了解基层的教育，了解基层的教学状况，这无可厚非，但倘若我们的主要精力被这些本应该由教师做的事情牵制，那教育教学的顶层设计、中观布局的工作势必受到影响。

北风与太阳两方为谁的能量大争论不休。他们决定，谁能使得行人脱下衣服，谁就胜利。北风一开始就猛烈地刮，路上的行人紧紧裹住自己的衣服，风见此，刮得更猛。行人冷得发抖，便添加更多衣服。风刮疲倦了，便让位给太阳。

太阳最初把温和的阳光洒向行人，行人脱掉了添加的衣服；太阳接着把强烈阳光射向大地，行人们开始汗流浃背，渐渐地忍受不了，脱光了衣服，跳到了旁边的河里去洗澡。

这是伊索寓言，北风竭尽自己刮风之能事，却使“把行人的衣服脱下来”的愿望走向了反面。寓言故事很浅近，但我们教育行业中这样的“北风人”却很多。

风婆婆与太阳公公打赌，谁能让河中行驶的船只加速谁就得胜。太阳公公使足了本事发出全部的光热，船夫汗流浃背、力气用尽，船只行驶明显减速。风婆婆呢，大风一吹，船夫便感到凉爽而兴奋起来，他迅速拉起船上的帆，船只明显加速。

小学语文课本中的课文内容，与伊索的寓言一合，故事就完整了。

但是，生活中的事，其实没那么简单；教育中的是非，常常不是泾渭分明、让人一看就能作出正确选择的。

教师是人类的灵魂工程师，那么，谁是设计师？局长、校长、教师？好像都不是。或者，我们的教育根本就没有设计师。孩子进什么幼儿园，上什么小学中学，考什么大学，是否出国留学，怎样选择工作，这些都得由学生自己和家长说了算。因为没有人可以为孩子的成长作出规划和设计。要解决孩子的教育问题，要对孩子的成长作出全面规划，不忙是不可能的。家长毕竟不是教育行家，碰到各种问题自然怨声载道。渐渐地，家长的心底里产生一种潜意识的渴望，渴望孩子成长规划责任的转移或部分转移，渴望学校和老师承担或部分承担此项工作。学校和老师呢？他们忙于“工程师”的工作。于是，孩子的教育成长及规划设计，到底谁是“第一责任人”变得没有答案了，学校和家庭的关系、教师和学生的关系变得牵扯不清了。

越来越多的家长看到了这样的事实：应试教育下，学校承担不了孩子成长的责任，学校教育不能完全解决孩子成长中的问题。越来越多的家长意识到家长必须参与主持孩子的成长设计并介入学校的教育教学。虽然忙着，但觉得很有意义。

社会的进步，教育的发展，生成了许多教育的新领域，这些领域，局长、校长、教师不一定能敏感地意识到它们的重要，因为他们一直在教育的圈内“低头拉车”。都说信息化是教育发展的一个趋势，为什么高档次的与教育有关的各种会议上与会的领导和专家大多数情况下还是清一色的拿笔做着笔记呢？都说国际化是教育发展的一个趋势，为什么还让准备出国留学的高三学生“行走在学校教学的边缘”呢？我们这帮教育人，忙着忙着就异化了我们教育人的本质属性，异化了我们的教育责任；忙着忙着就失去了作为教育人的固有的基本知识，甚至失去了连一个普通农民都懂的教育的常识，走向了教育的反面。

我们在忙什么？我们为什么忙？有时候真的该放下手中的活，好好想一想。

我们是太阳，我们有让行人脱下衣衫的本事；我们是风，我们可以推动帆船；我们更应该是太阳和风的组合，应该做更多有效率、有价值的事。

为孩子的真实成长多读些书

李苑的文章《专家吁家长对待儿童阅读不要功利化，先培养兴趣》，有这么一段：

中国的很多家长，无法容忍孩子如此热爱连环画，他们视连环画为“闲书”。从事文字工作的王先生一直为上中学的孩子爱看“闲书”而抱怨：“她不爱看经典名著，偏老看乱七八糟的小说，那有什么用啊。”现在，有这样烦恼的家长随处可见。

是啊，持这种观点的家长太多了。不但如此，教师群体中持此种观点的大有人在。笔者在这里不想说“闲书”有没有用的问题，因为“闲书”有用的道理无须论证，笔者在这里只想说说教师和家长的阅读问题。

教师原本是教书育人的，为了提高学生成绩，不知怎的，渐渐成了一个只教学生解题的人了。到了毕业班升学考前的复习冲刺阶段，不知怎的，居然又从教解题变成了只教答案。家长呢，本来应该也是以育人为目的的，为了孩子升入理想的学校，不知怎的，成了跟在孩子屁股后追着孩子要分数的人了。并非教师和家长不知道闲书的功用，只是要“分”太急。当教师和家长都唯“分”是图的时候，凡是能提“分”的书当然是正书，此外，当然是“闲书”了。

新家长时代的教师和家长，高学历、高智商，这是优势，但我们也有劣势。我们小时候接受的基础教育，骨子里是应试教育的。应试教育出来的我们，曰师曰父母云者，一边痛恨着该死的应试教育，一边却又在自觉不自觉地用自己的应试教育的流毒毒害着下一代。

就阅读而已，我们可以把手放在自己的胸口称自己是学生和孩子的楷模吗？不能。我们一周读几本书？一年又读几本书？上网，我们中有多少人能称得上是阅读而非浏览呢？我们的初中阶段、高中阶段、大学阶段都没有好好地读书，我们读书的“胃”已经毁了。家里，我们几乎都有书房，除了呈设，书架上的书一直被冷处理地“等”着我们的空闲（事实上我们好像永远都忙着没有理会它们的时候）。教师，我们除了教学的需要让教科书、参考资料享受我们的手不释卷的待遇之外，还能有多少恩惠给其他的书籍？家长，我们除了职称考试或论文写作需要借几本、买几本、翻几本之外，有多少人能理性地不愠不火、不离不弃地对待那些“人类进步的阶梯”呢？

复旦大学出版社曾邀请一些中学特级教师开了一场有关中学生阅读的研讨会，没多久研讨会就便成了“教师不读书”的声讨会。教师不读书或少读书，大多是出于“不屑读”的心理。自以为有高学历，寒窗十几年已经读了该读的书了。为什么教师“教着教着”自己就落后了呢？为什么教师“教着教着”把自己教傻了呢？其中一个很重要的原因就是不读书、不看报、不上网、不……

作者参加加拿大哥伦比亚国际学院校庆

家长也“不屑读”。这“不屑读”的背后作祟的是浮躁之心。要赚钱，要出差，要会友，要搓麻将，就是不要读书。自己不读书，让孩子去读书；孩子读得泛了一些，又赶忙举起“好好学习，天天向上”之旗封杀不能直接给孩子带来考试分数的“闲书”。面对父母那种强权，难怪孩子有这样的心理活动：我很想当回“老爸”，让老爸当“儿子”，哪怕只有一天；我可以叼着烟要求“儿子”不准抽烟，我可以大声呵斥“儿子”不听老师话、不遵守校纪校规，我可以玩着电脑游戏大声要求“儿子”去书房认真读书。

远方山村里有一个寡妇，独自抚养两个刚上小学的双胞胎儿子。每天晚上，孩子做作业，她就捧着一本书在边上看，十几年过去了，双胞胎儿子考上大学。母亲对兄弟俩说：你们知道妈妈有多苦吗？兄弟俩说知道，又要工作又要照顾我们……母亲说：这倒不苦，就是每天陪着你们看书太辛苦了，其实我一个字都不认识……

“关注教师和家长的阅读状况，就是关注教育的未来。”笔者同意这种观点。

面对学生自主学习，家长该有怎样的回应

家长应该了解学校的课堂教学改革，并且配合学校的教学行动，所以，有必要说说“学生自主学习”和“导学案”的事，说说现代家长应该有的“回应”。

自主学习是与传统的接受学习相对应的一种现代化学习方式。顾名思义，自主学习把学生当作学习的主体，通过学生独立的分析、探索、实践、质疑、创造等方法来实现学习目标。学生自主学习旨在改变过去的那种“过于强调接受学习”的倾向，倡导学生学会学习。

为了实现课堂教学的“学生自主学习”，老师的教案变成了导学案，变师教为生学，变师控为生主。这样，教学内容就具有了开放性、广博性和联系性。课堂通过让学生成为主体、成为主人、成为主角，实现由学知识到长智慧的转变，最后达到塑造学生健全的人格（自主自信、自强不屈的性格，勇敢无畏、探索创新的精神，团结合作、服务奉献的品质）的目的。

面对这种课堂革命，家长可以做些什么，该做些什么呢？

一、鼓励孩子在课堂里“动”起来

教师原来的“满堂灌”方式改变了模样，倘若孩子仍然是无奈的应付，没有真正实现“要我学”到“我要学”的蜕变转身，那么孩子的学习状态会比原来的更糟糕。学校和老师会在学习方法上对孩子作出引导，家长必须配合学校的这一教学改革的行为，鼓励自己的孩子在课堂教学中“动”起来。积极参与课堂里的活动，pair work 要主动，discussion 要热情，drama 参与要积极。一个会在课堂里主动参与介入的热情的孩子，走上社会也会主动积极面对生活的种种挑战。所以，鼓励孩子“动”起来，其意义远大于提高课堂学习效率。学习没有制胜法宝，没有可套用的秘方绝学，学习是一种体验，是一种感觉，是一种心灵的激动、感动，是一种其情动、其意切、其感深、其悟透的过程。没有真实投入，孩子等于放弃了学习的资源，即使坐在课堂里，也只是两手空空。可以这么说，在实现学生自主学习的课堂里，孩子投入的程度，决定了孩子进步的程度。投入越大，进步越快。

二、督促孩子重视课堂学习前的准备

学生自主学习课堂要求孩子重视课前的准备。预习，相当重要。在课堂里，孩子无论是“吸收”还是“释放”，都应该以充分的准备作为基础。要让孩子“动”起来，他“动”什么，怎样“动”，都得有具体的“内容”支撑。课堂里，在老师的引导下，学生或表现、表演、表达，或写、吟、唱，或论、辩、演，虽说即兴，实则循序渐进的“从有到有”，而非“从无到有”。孩子必须将教材中的内容上挂下联，思考其中的联系性、延伸性、开放性、创新性，学习才会有实在的收获，不至于兴之所至的散漫和荒芜。这上挂下联的效率，就是基于孩子课前的准备。从旧有到新有，“旧有”越多，“新有”越丰。孩子在课堂里形成的思考、联系、对照、探本、找规律等一系列的学习过程，离不开课前的准备；学生的洞察力、整合力、分析力、创造力等能力的提升和学有所获、学有所悟、学有所用的快乐感、荣耀感的获得，都是离不开课前准备的。

三、提供孩子良好的学习硬条件

自主学习的课堂教学对信息的要求很高，那种狭隘的知识的口耳相传是不能满足这种教学改革的要求的。电脑是好东西，iPad、iPhone都是好东西。那种因为孩子沉湎于电玩而禁止孩子上网，禁止孩子使用手机的做法，毕竟是矫枉过正的权宜之计。知识和信息的传播，电脑是不可或缺的硬条件。学校要提供寄宿制学生大量上网学习的机会，家长要提供孩子上网的好环境。是的，既要让孩子获得大量信息，又得让孩子不滑入“玩物丧志”的泥潭，家长教育和管理的难度很高。“手机越高级，教育越费劲”，优秀教师能用自己的教育智慧解决学生成长中的新问题，优秀的家长也应该是能用自己的智慧研究解决孩子成长中不断生成的新问题。

此外，家长要关注学校课改的发展变化，同时关注学校其他领域的教育教学改革。杜郎口中学，大名鼎鼎，导学案，极度敏感，在校长崔其升的号召下他们又做出了惊人的举动：全校取消导学案。没有导学案，学生会编写导学案，或根本不用导学案。导学案从有到无，是学生学习成熟的标志之一。倘若当我们的孩子在读的学校也由导学案发展到取消导学案的那一天，我们家长的教学回应一定也会升级，而且必须升级。

拉着孩子的手一起试试

朋友们一起喝茶，这是生活中愉快的事，一来没有酒席上劝酒争酒的难受，二来可以博采众长长见识，让谈兴汪洋恣肆，让思绪仪态万方。

就这么一帮非教育人，却大谈孩子的教育事，而且谈得让我辈自认为懂教育的“老师”时有茅塞顿开醍醐灌顶之感。从孩子的苦说到家长的苦，从教育改革说到出国留学，后来得出“小孩不好，家长没教（宁波话读作 gao）”，“家长不高明，孩子不聪明”，“父母不创新，孩子没个性”诸如此类“粗粗糙，牢牢靠”（宁波话）的教育名言警句。

是啊，面对教育中出现的这样那样的问题，我们的教育良好时机在日复一日的等待和年复一年的期待中蹉跎了。家长不能把孩子的成长“全托”给学校了，我们应该充分认识到在孩子成长的问题上家长介入的重要性，充分认识到学校与家庭紧密联系和合作的必要性。

家长，要承担起孩子成长教育的第一责任人的责任就必须挣脱人云亦云的传统的束缚，在孩子的成长规划和教育教学问题上努力创新。是谓：别样之人虽不一定聪敏，但聪敏之人一定别样。

看看我们家长全年辛苦的“教育业绩”吧：正月买资料（练习作业），贰月请家教，肆月伍月忙择校，陆月柒月论坛开骂（宁波话读作 mo）；玖月送儿上学校，期中考后既叫又跳，入冬没招，还得再请家教，再买资料。

问问自己，我们在孩子的成长中有多少的“别样”和“创意”？“从众容易别样难”，没有自己思想的独立，很容易陷入形形色色的“从众”陷阱。

我们在孩子的教育问题上，总是不自觉地去做容易做的事。老师会管的事我们不插手，学校规定的事孩子一定要循规蹈矩地去做。孩子全托省心、寄宿省事。这还不够，许多家长托关系走后门为孩子寻找“寄宿制家教”。做多了容易做的事，我们就会逐渐变得不勤奋、不自信、不勇敢，最终落入从众的泥潭，逐渐变成什么都是“不可以”“不允许”“不可能”的固执的人。

孩子成长的问题上，许多我们认为很重要的问题，其实没那么重要。一天不做作业怎么啦？逃学一天又怎么啦？我们明知道孩子作业不及孩子身体健康来得重要却为何不自觉地坚持让孩子去完成作业而影响孩子的睡眠呢？我们明知道有些考试的分数不是很重要只是为老师为学校争光而已却为什么还要追着孩子再要这个分数呢？我们明知道这样考大学以后孩子找不到好工作影响孩子今后生活的幸福指数为什么不能另辟蹊径谋求别样的途径试试呢？

让我们对孩子说：孩子，把你的手给我，我们一起试试……

“求异之人不一定高明，高明之人一定求异”，说得真好。看遍宁波城的大街小巷，E 咖啡很火，外语培训很多。感兴趣的老板，你开一家“教育茶室”，如何？

让孩子们成长在善良里

中午12点半，打开FM93收音，听到了一段让人很“难受”的交通节目之后的调侃。

主持人通过电话调查听众对不守交通规则的野蛮司机的看法。一听众回答：鄙视并尽可能用自己可以发挥的驾驶技术实时实地教训制裁之。男主持人表示理解和肯定，女主持人调侃说，应该把对那种非法插队的司机从监录像中“调”出来，让他曝光，而且有“在肖像四周打上粗粗的黑框”云云。

不文明不道德，千夫所指，近期中央电视台及各大媒体都把国庆节期间那些不良习俗作了重重的曝光和鞭笞，这很好。要对不文明者私设公堂“处罚”，心情可以理解，但做法有点不大对头。“左”过了头，一定是错误的、违反常理的。某些媒体打着“寻找社会正能量”的旗号，一不小心兜售“以怨报怨、以恶报恶”，实在让人遗憾。

笔者很担忧。担忧什么？担忧这种“以怨报怨、以恶报恶”对我们孩子成长的危害。

社会太复杂，人生多艰险，于是，为了提高孩子成长中的“免疫力”，我们反复告诉孩子们一些社会中不良的事物，展示一些社会的阴暗面。让孩子辩证地认识社会，让孩子们全面地看待事物，这无可厚非。80年代有个上海的女中学生，从大光明电影院出来看见几个乞丐，于是她在作文里说，“大光明”前不光明，引发了一场要不要告诉孩子们社

作者在美国达特茅斯学院康涅狄克河畔

会阴暗面的教育之争。今天，我们已经达成了共识：家长当然应该告诉孩子路上的“坑坑洼洼”，老师理应教导学生规避风险。但问题是我们的告诫和教育出现了只重负面不重正面的厚此薄彼的倾向。

因为别人家的孩子竞争中有不规范的“小动作”，我们就教育自己的孩子以邪制邪；因为看到别人家的孩子拍马有效，我们就教给自己的孩子溜须之功。这些都是没有远见的不明智之举。这种以怨报怨的恶教育越来越严重，以至于明知不对也得如此，久而久之，导致我们习惯成自然的下意识“报复”的自动化。

因为有人细查了雷锋的历史，发觉我们学习的雷锋与真身的雷锋有“细节出入”而否定雷锋从而否定雷锋精神；因为“表哥”的笑脸让人发笑所以去笑所有发笑的“表哥”。这些都是我们非此即彼的思维简单化的愚蠢。农夫和蛇的寓言故事，告诉我们做人一定要分清善恶，恶人即使对他仁至义尽，他们恶的本性也是不会改变的，但寓言并没有宣扬并倡导以恶报恶。

让孩子成长在善良里。告诉孩子社会上有许多诸如夏洛克、阿尔巴贡之类的小气奸刁之小人，也告诉孩子社会上有许多诸如“顺其自然”一般慷慨解囊弘扬正义之君子；告诉孩子社会上招摇撞骗的酒囊饭袋不少，也告诉孩子山外有山、天外有天，有能耐的高人很多。让孩子成长在明明白白的善良里。

太多的恶，会让我们的孩子对善良失去信心。大厦轰然倒塌之时，中间一根完好的柱子发挥不了作用，因而我们就“破罐子破摔”了。是的，当一种旧事物即将崩解的时候，一种积极的态度和行动很难体现价值。但是，当一种新事物正在成形，当一种新的力量正在积蓄，当一种新的形态正在构建，这种积极的态度和积极的行动就具有了很大的意义。剥蚀的机器中，一枚螺丝钉价值不大；拔地而起的兴建中的大厦，中间的一根柱子，意义非凡。我们寻找社会正能量，寻找的就是社会发展中推动新事物产生或者新形态成形的力量。

实时实地的制裁，我们是痛快了，但我们内心深处的那种潜意识里寻求报复的心理障碍或心理疾病说不定就在我们那种报复的痛快里变得更加严重。我们把这种状态，迁移到孩子的成长，我们是否意识到许多孩子的许多不良习惯，恰恰就是生成在我们感到正义、感到正确、感到痛快、感到赏心悦目的时候。从这个意义上说，孩子的不良习惯，责任不在孩子。

越来越多的男孩，拉着“我爱你”的横幅，或者摆上 999 朵玫瑰，或者负荆请罪自虐般地下跪在姑娘窗台下求爱。为什么？那是因为我们常常把这种胁迫求爱当作是对爱情的忠贞，致使小伙子们在求爱无门求婚无术的黔驴技穷的情况下争相效仿。谁能说这种求爱不是一种“恶”化了的强迫呢？这种坚贞的旗号，掩盖不了强行占有的本质。可是，这种“恶”，让人们感叹着，颂扬着，痛快着，愉悦着……

看破红尘，还爱红尘。善良之人多幸福，这是一种信念。以恶报恶教孩子，就是名副其实的饮鸩止渴。

英语教学真实现状——与家长说

学校和教师承担了英语教学任务的主体，这是应该的，即使在语言培训学校，教学任务的承担主体还是教师。但倘若家长也能了解英语教学，了解目前英语教学的现状，并帮助孩子在英语学习上作出更合理地选择和更科学的应对，孩子的英语成绩的取得和英语能力的提升会更理想。

英语已经成为一种国际性的通用语言，它是一种重要的政治和经济资源。我们有理由预见，若干年后，缺乏英语素养的人将很难在社会上立足。欧洲大陆，几乎每个国家受过中等以上教育的公民都能用英语进行交流，几乎所有大学毕业生都能流利地使用英语，尤其是荷兰、丹麦、比利时等国家。在英国，语言教育、语言方面的教材和工具书的出版及版权交易等已成为其重要的产业，每年为国家赢得非常可观的财政税收。每年英国派往世界各地从事英语教学的人数成千上万，每年寒、暑假到英国短期进修英语的大、中学生更是不计其数。这不但为英国社会提供了许多就业机会，而且快速扩大了英语文化在全世界的传播和影响。

我国英语教育的历史并不长。从清代正式设立同文馆教授英语算起，也不过100 多年的历史。但我国英语教育的成就是巨大的。尤其是新中国成立后，外语院系培养了大批优秀的外交和翻译人才以及英语师资。应该说，我国英语专业教育的水平是比较高的，是成功的。但是，作为公共基础课的英语教育和全民英语普及教育，总体来说，投入和收益严重不成比例。

首先，从初中，甚至是小学开始，一直到大学毕业，每个学生花在英语学习上的时间超过了2000课时。但大学毕业后真正称得上英语“过关”能用英语进行一般的交流、阅读英语专业书籍的人恐怕不会超过10%。研究生包括博士生在继续学习200-300个课时的英语之后，能真正过关，即用英语撰写专业论文的人恐怕也不会超过10%。许多大学生为通过大学英语四、六级考试，几乎把前一两年大学生活50%的时间花在了学习英语上。而通过这一考试的大学毕业生很难说英语已经过关。几乎50%的人无法熟练地使用英语进行口头和书面交流。我们的留学生，虽然大多数高分通过了托福考试，但到了国外高校学习时，虽然能逐渐适应课堂教学，但仍然基本上不能流利地用英语与老师和同学交流。许多人不敢开口讲英语，即使鼓起勇气讲出来的英语，也多半是磕磕绊绊，比不上来自欧洲的留学生和来自亚洲的日韩留学生甚至是来自越南及阿拉伯国家的留学生。留学生的实际表明，没有良好的交流习惯，英语学习收效甚微。

造成这一结果的原因为三个方面：一是语言环境，二是教学方法，三是学习方法。语言环境指周围使用英语的人数和场合、官方媒介、总体言语水平等。严格地说，我们缺乏欧洲国家所拥有的语言环境。英语是它们的第二语言，因为无论是官方媒体还是周围人的英语水平都非常有利于学生学习英语。而且，由于他们的语言和文化传统相近，心理上没有什么大的障碍。而在我国，英语是货真价实的外语，中国文化与英语文化具有不同的文化传统，学生学习外语需要克服语言和文化上的双重障碍，学习英语的难度之大可想而知。同时，许多英语教师课业任务繁重，整日疲于奔命，没有足够时间坐下来研究教学，弄清楚外语教学的基本规律以提高自己的课堂教学质量。另外，许多学生学习外语，其主要目标是为了通过某一考试，所有学生几乎都是通过做习题来学英语。通过了考试，目的达到了，英语书就扔到了一边。

在我国，人们（特别是部分教育管理人员）在英语教育的认识上存在着某些误区，有人认为英语教育年龄越早越好，学习的时间拉得很长，从小学一直到研究生毕业都在学英语，而且把英语课上成了一门语言知识课，而不是一种培养能力的实践课。各种各样已经社会化的考试使英语教育的应试倾向比起其他学科更为严重。

语言学习的过程实际上是一种文化习得的过程，没有适当的语言和文化环境是不可能学会一种语言的。国内外语言和心理学专家一致认为，儿童自动习得一门语言的年龄是在5岁左右。5岁以后，这一“语言习得机制”就逐渐失去作用。儿童不费力地与母语同时习得另外一种语言的最重要条件是真实有效的语言环境，所学的语言必须是生活的一部分。有了适当的语言环境，5岁左右的儿童是不用“教”就能学会某种语言的。如果让儿童在课堂环境下，在缺乏英语是其母语的教师的辅导下“学习”一门外语，至多学几句简单的会话和一些简单的词汇，而且往往是事倍功半。据观察，在学校课堂教学环境下学习外语最有效的年龄应该是11－20岁之间，这在国际外语学术界已是共识。

英语教育中的另一个误区是把英语看作一门与历史、地理、物理、化学一样的知识课。实际上，英语学习完全是一种能力和技能的培养，需要大量的听说、阅读和写作实践。学生只有在大量的语言实践的基础上才能真正掌握英语。如当前风靡世界的 Task-based-learning（任务型学习方法）就不失为一种迄今为止非常优秀的学习方法。教师在课堂教学上只是一个向导和顾问，学生是课堂教学实践的主体，并且大量的工夫应该花在课堂之外。

由此，我们不难得出以下的结论：

第一，为了提高国民的整体的英语水平，社会大英语环境的创设已迫在眉睫。第二，学校的英语教育必须从“应试英语”走向“实用英语”“交际英语”。第三，出国学英语也不是年龄越小越好，看留学环境的英语水平，看学生是否有用英语交流的勇气和与外界交流的习惯。不讲英语学习的主观原因，一味追求英语学习的客观环境，出国留学也仅仅是“镀金”而已。倾尽家产，为了自己“脸上有光”的留学，更是一种不明智的做法。

“熊猫外公”引出的思考

媒体上的“虎妈”“狼爸”“变态娘”的讨论引出了大家饭桌上“熊猫外公”（或“熊猫爷爷”）和“虎外公”（或“虎爷爷”）的比较。

所谓“熊猫外公”，是指在对第三代的成长教育问题上坚持“只育不教”的原则，把对第三代孩子教育的责任全交给孩子的父母，在第三代面前树立熊猫般的温和和可爱的形象。“虎外公”则取“熊猫外公”的反面，坚持在孩子教育的问题上人人有责，对第三代亦育亦教、亦威亦慈。

倘若让我选择，我还是愿意做一个“虎外公”，理由有三：

一、无处不教育

作者在美国史密斯女子学院

在成长的过程中，孩子们所到之处都是教育的场所。任何场所中的任何人，都可以是他们的老师。环境育人，把教育延伸到学校课堂之外的场所。学校越来越重视校园的环境，从硬环境的建设到软环境的创设，都是基于教育多样性和多元化的考虑。家，从小家到大家，当然应该是孩子的教育环境。这家庭中的成员，特别是长辈，当然是老师。只有把孩子的成长放在24小时全天候全时空里，我们才能称得上是有意义的教育。现在的孩子，在爷爷奶奶家或外公外婆家的生活和学习时间不短，这种时空没有教育去覆盖，只有生活的吃喝拉撒的本能，很有可能为孩子以后的什么什么“分裂”埋下种子。

二、既然长辈都是老师，我们就是一个教育的家庭团队，就得讲究互相配合

教育配合是很有技术含量的活。以孩子的父母的教育为主，以孩子的父母的教育意见为重，这可以也应该这样。外公外婆、爷爷奶奶是什么？真正有能耐的外公外婆、爷爷奶奶应该是教育的专家，那个给孩子的父母以正确强大支撑的教育后台。越俎代庖当然不行，两耳不闻当然也不行。跟上时代的脚步，与现代的教育同步，外公外婆、爷爷奶奶责任不比孩子的父母轻啊。说一句“孩子的教育

是父母的事”当然容易，但同时也就放弃了你对孩子的父母（你的孩子）的教育责任，你便陷入了“孩子的教育是父母的事”的悖论。

三、自然成长不是原始成长

教育是人类文明高级阶段的产物，教育的先进就是社会的先进。当今有许多人，许许多多人，因为没真正理解素质教育的内涵，把孩子的自然成长错解为原始成长。孩子成长问题上持“无须设计”论者，大多没能分辨自然成长与原始成长的区别。教育的自然，不是教育的原始和蛮荒。教育从本能到人为再到自然，这是教育进步的轨迹。这里的“自然”是教育的高级阶段。任意解释成长中的“自然”问题，会导致教育的泛化，再往前走，便是教育的虚无。

现在的爷爷奶奶、外公外婆，当“熊猫”的越来越多，因为他们在对自己的儿女成长的问题上已经“宠”大于“严”，已经成了“准熊猫”，再加上学习不多进步不大，面对多种很难处理的关系（特别是婆媳关系），已经很难回到对第三代孩子成长教育的“亦育亦教”的轨道上了，他们只能选择当“熊猫”。所以，亦育亦教、亦威亦慈的“虎外公”才是值得嘉许和大力弘扬的有水平的好外公。

从“家长节”说开去

忽发奇想，有个家长节多好。网上一搜，已经有了。

每年2月18日（农历）是家长节，该节最早是由平盟教育倡导员工孝敬父母、学生孝敬家长而发展起来的，越来越得到社会各界的认同。家长节已经成为当代有素养有孝心的中小学生以提高学习能力和知识素养来回报父母的一个标志性符号。家长节虽然还没成气候，但它作为中华民族优秀传统美德在中小学生与父母之间连结的新纽带和新文化价值的重要性不容小觑。

这里想说的是，可否让家长节多一点家庭教育及研究的元素，为教育的社会功能的强化助力？应试教育下的基础教育，功利性淹没了社会性，每一次考试，每一堂课，甚至每一道题目，都染上了浓浓的升学—求职—赚钱—舒适生活的功利色彩。

当前学校教育不是从学生的实际出发而是想当然地进行改善改良改革的大有人在。教育的功利性，就是教育者的急功近利、鼠目寸光。我们声讨应试教育，其实应试教育也只是表面的现象，其本质，就是教育的急功近利。“虎妈”“狼爸”还有“变态娘”，在探讨教育的正确途径和方法的顺滑的“毛发”下，隐藏着功利的粗糙的“皮肤”。“虎妈”“狼爸”“变态娘”，为什么会那么受关注？功利便是它备受关注的土壤。新闻媒体当然是“项庄舞剑，意在沛公”，一旦把这种“皇帝的新装”在媒体中展出，再加上各位教育专家的似是而非模棱两可的“真知灼见”的表达，那时候，是与非已经不再重要，重要的是人们（孩子和家长）的眼睛已经发红，有意无意间，头脑中“睡着”和“醒着”的教育的功利一次次被唤醒和被强化。

再往下说，便是社会的急功近利了。教育的急功近利是社会的急功近利支撑着的。排球女将赵蕊蕊脚伤了，中国的骨科学家会诊治疗之后，就可以出来打球了，结果一打球又断掉。当时姚明的经理找了一个美国的骨科医生在旁边监控，这位同志没有说话，只是不断地摇头叹气。为什么摇头叹气？因为中国的骨科水平是美国 1935 年的水平。美国人在膝盖打一个洞，用钛合金的骨头插到骨头里面去，一个礼拜就好了。我们的医生居然问了一句话，这么先进的技术，请问钛合金的骨头在哪里买？怎么制造？

是啊，这种积淀着人类智慧的钛合金的骨头，是“哪里买”“咋制造”等“功利”可以涵盖的吗？

某著名经济学家说：“我觉得中国教育过于功利性，把人的培养看成是制造 GDP 的工具，这是应试教育，不是素质教育，不利于人的成长。”

其实，许多人都认识到了教育“功利性”已到了无可复加的地步，但还是扭转不了教育过分功利的局面。因为教育的这种功利性，虽然常使事物偏离原来的目的而遭受人们的唾弃，但它却为人在社会上实现自己的目标提供了捷径和动力。只要人还是社会动物，就很难摆脱此种功利的束缚。但是，既然我们认识到了教育太过功利的危害，我们就得正视它，不能因为很难改变而放弃改变它的计划。当个人改变不了这种功利的局面的时候，我们可以在有意识地形成“社会共识”上做文章，生成社会发展的正确“惯性”，逐步改变明知不对却很难改变的现状。

我们得从最基本的事做起，让我们的社会少一些杨梅节柿子节开渔节开游节之类的节日，多一些家长节家教节家孝节家校节，如何？

想起了耶鲁大学的“骷髅会”

骷髅会（Skull and Bones）是美国耶鲁大学的一个秘密精英社团，每年只有15人入会。尽管人数不多，但是这些人却掌握着非常大的权力。很多骷髅会成员都位居美国经济与政治权力金字塔的塔尖上。骷髅会走出了3位美国总统、2位最高法院大法官，还有许多美国议员以及内阁高官。历时172年的发展延续，从美国白宫、国会、内阁各部、最高法院以至于中央情报局，骷髅会的成员几乎无所不在。美国前总统布什与民主党总统候选人克里都是骷髅会成员。

加入“骷髅会”是一生中极其重大的选择，会员必须把自己完全暴露给会内成员。暴露了自己的所有秘密，自己就缺乏了安全感，从此就与“骷髅会”牢牢地捆绑在一起了。所以“骷髅会”的这个入会方式，揭示了一个道理，就是当我们判定了一件事是正确的，如果我们不给自己留退路，我们将拥有极大的一往无前的勇气。因此，不留后路，就成了骷髅会的制胜法宝。

置之绝地而后生，这个道理我们都懂，但能自觉运用这一思想的人不多。

我们做事，总希望给自己留一条后路，倘若事件发展的线路有变，面对抉择，我们就可以有退路，美其名曰“两全其美”“东方不亮西方亮”。这种做法看似谨慎，其实却有极大的隐患。因为人总是有惰性的，当知道自己还有退路时，那种原本坚持不懈、不达目的誓不罢休的劲头就会丧失，原本的摩拳擦掌的努力也就不会开足马力、全力以赴……反正我们有退路。

在孩子成长规划中，我们家长为了提高孩子的发展成功率，常常给孩子设计可A可B的发展途径。既想让孩子出国留学，又使孩子不离开国内高考；既想让孩子提高素质，又跟在孩子的后面追要着考分。大凡这种“两手准备”的万全之策，总不能获得完美的成果。抱有这样想法的孩子，事实上很难取得理想的成绩，因为孩子缺乏破釜沉舟的勇气。我们知道，任何有意义有价值的进步，都是以克服困难为代价的，任何成长中的蜕变都是伴随痛苦的。克服的困难越大，成效就越明显；经受的磨难越大，蜕变和成长就越显得卓越。有道是：吃得苦中苦，方为人上人。破釜沉舟的军队，才有决战致胜的可能；绝无退路的孩子，才能勇往直前。

作者在美国加州州立理工学院

前几年，我们开始教育的国际合作，开设国际课程，美其名曰“双通道”（即国内课程与国际课程一起上，学生既能国内考大学又能占些出国留学的“便宜”）。这是一种迫于中国式中学教育的现状迎合家长和学生高考情结的一种无奈行为。不这么“双通道”，就会失去许多生源。事实上，一个高中三年一直是既 A 又 B 两头平均用力的学生，结果总是很糟糕的，而打着“双通道”的旗号行“单线独进”之实的学生，往往走在了发展的前列。

有一种说法：“高考的经历是人生的一种财富。”说它对，那是因为高考把孩子的奋斗精神激发了；说它不对，那是因为孩子在有退路的前提下，高考，只是一种精神激发的形式而已。一个把高考作为唯一选择的孩子与把高考作为其中之一选择的孩子，高考的意义是有本质区别的。因为高考的意义和价值就在于“绝处逢生”，前者赶上了，后者与之擦肩而过。当准备让孩子出国留学的家长为孩子也参加了高考而庆幸和满足的时候，我们只抓住了高考形式这一“芝麻”而丢掉了真实的高考精神这一“西瓜”。

请家教也一样。孩子成绩不理想，我们想到的第一策略就是请家教。一请家教，我们就把孩子放进了学习的“双通道”。课内不懂，反正课外可补；A 老师不看好我，还有我家教的 B 老师呢。正餐吃不好，副餐不到位，野餐又游移不定，久而久之，孩子固有的克服困难的意志和毅力渐渐丧失了。所以，孩子考试考砸了，首先得问问孩子：你咋办？首先得在正餐上下点研究改良乃至颠覆性改革的“功夫”。考察效果比较明显的家教案例，我们不难发现，他们的成功就在于把孩子放在了家教这一“单线”上。因为老师差劲（是真的差，而不是孩子的“借口”），因为孩子“落”下了课程使得家教的学习内容变得全新，因为孩子知道错过了这家教就再没有机会了，所以孩子就把自己放在了非学好不可的境地。能真正把家教当成自己挽救学业的最后一丝希望的孩子并不多，所以，大多数的家教都是没有意义和价值的。好心的家长总希望自己的孩子不是这“大多数”，所以家教市场不断扩大，家教的冤枉钱总量直线攀升……

还有一种说法：“读大学就是读同学的人际关系。”我们让孩子考取 211 大学，我们把孩子放到最优秀的孩子群里，一旦这些最优秀的孩子们走出校门，他们毫无疑问是一种资源。先不说这种功利教育如何如何，是不是社会发展的正能量，但就追逐功利而言，我们也不能全盘肯定啊。长江商学院效应，那是因为长江商学院的确把“富翁”“精英”“领袖”“交际花”“小三”请进来了。211 大学，现在还集中着精英孩子群吗？2010 年，上海复旦附中的高三学生，学业成绩前 100 名中就有一半学生出国留学去了。我们不能盲目地倡导让孩子都出国留学，但我们也不能在人云亦云的集体无意识里追逐着镜中花水中月吧。明知道“双通道”“两手准备”的理由越来越站不住脚甚至“大势已去”，我们为什么还死死地守着这一无多大意义的所谓的“箴言”呢？至于那种渴望同时拿到北大和哈佛入学通知书后拿着哈佛通知书把北大通知书烧了的心态，更是不可取的心理的变态。

骷髅会里走出总统级别的世界顶级名人，偶然里包含着必然；我们把孩子放在可以多项选择或者既 A 又 B 的成长环境里，就注定了孩子平庸的命运。

日记一则

要开学了，女儿又得飞回纽约。

上午八点半，我们就到了机场。浦东机场很热闹，好多好多的学生：父母亲戚一大群陪着的，那是新留学生；身边陪同的只有父母的，应该是本科二年级及以上的留学生；独自推着行李或边上陪着一个恋人模样的，应该是在国外读研的。东方航空的 Check in 处 S 型的 Check in 队伍排得很长。

目测，数数，办理登机手续的人群中，留学生及与留学生同行的亲人应该在百分之八十以上。

等待，空气中似乎有一种浓浓的期盼。

为什么要出国留学？这个问题很难说清。

20 世纪二三十年代的留学生可被称作中国现代的第一代留学生，他们怀揣革命理想，带着寻求真理的心出国留学。留学动机明确，那就是寻求救国强国之策。20 世纪 80 年代的老三届新三届的留学生可被称作中国现代第二代留学生，他们抱着“不活出个人样不回国”的决心，历尽艰辛，完成了千万部《北京人在纽约》的催人泪下让人感奋的故事。留学动机明确，那就是“改变贫穷”“报效母亲”。

近几年的留学生可被称作第三代留学生，他们怀揣父母给的信用卡，手握 iPhone、iPad，推着装备精良的行李踏上赴异国他乡的路途。至于留学动机，不如第一代和第二代留学生那么明确和单纯。倘若询问这些学生留学的动机，他们都能滔滔不绝地讲一大堆的话，但都很难切中关键。虽然目标不一、动机多元，但大多数学生都会提及对国内教育的不满意，含蓄表达自己“走异路，逃异地，去寻求别样的人们”（鲁迅语）的留学动机。

仔细品味孩子们的话，我们做父母的就会理解孩子的心：留学，为了提升品位，为了获得幸福。

孩子们生活在一种“很难用语言表达却又真实存在”的情景中。说不清，是因为未来的不可知；真实存在，就是自己的学习现状和生活现状必须得到改变的欲望，那种非改变不可的欲望。这种欲望越来越强烈，因而留学这支大军越来越强大。

明年的这个时候，这个地方，一定有更多的这样的人。

等待 Check in 的人聚集在一起，空气中多了一种淡淡的欣慰。

“学生都出国了咋办?”队伍里有家长既问又叹地说。

没人回答……

目前的国内教育，犹如加入 WTO 之前的经济，缺乏一种改变的外力。教育国际化，倘若首先能把我国的教育真正加入到国际中去竞争，素质教育实现的步伐会快得多。可恶的是，有许多人把教育的国际化异化了，他们用名目繁多的"项目"挡住了人们认识教育国际化的视线。教育国际化离不开这些"项目"，但教育国际化更应该是这些"项目"带出的理念更新、竞争力提升和社会进步，带出的应该是社会发展正能量的增加。从这个角度看，这些即将离开家乡或已经离开家乡的留学生孩子们，他们的使命与第一代、第二代留学生一样高贵。

我们为孩子们祝福。

托运完行李的人们三五成群地走向安检，远处看，宛如一条河流，自然而生动。

作者出访美国加州州立理工学院（波摩纳）

进入安检前的关卡把送行的亲人挡在了外面。所有的语言都很难描摹这种即将放孩子独自前行的心境，大家只有一种语言——拥抱。大多数人没有流泪，因为表达深层次情感的方式不是眼泪。孩子们比我们父母想象的坚强得多，他们毅然轻装背上双肩包，转身，走几步，不回头，把手举过头顶向我们告别……

这告别充满了爱，让孩子成熟，让父母幸福。有哪一种教育方式能比这"告别"来得自然和有效呢？成熟是什么？成熟就是各种情感体验的不断累积啊。

于是想起了一位学生作文中的话：我们明白，脆弱的翅膀经受不住风雨。不要善意地用您的剪刀剪开我的茧，帮我挥去那些生命中的苦难！过早地让我闻到花香不是对我真正的关爱，而是一种善意的摧残……爱我，就让我自己面对苦难。

这样想着，心里踏实了许多。回头，看到一个熟悉的面容——影视明星奚美娟。周围没有拍电影或电视的阵容，原来她也是送孩子出国留学的……

游三亚，我随便说说

元旦三天我们去了海南三亚，无论是亚龙湾还是天涯海角，无论是大东海还是南山景区，游人，不少。

亚龙湾印象深的就是那四家高档宾馆，浓浓的南国风情，豪华的精细装饰让人感叹人与人生活的不一样。那些出入宾馆的年轻人，他们是“富二代”吧，他们看上去都蛮有品位的，根本不是网上所说的“富二代”的“熊样”。女孩很漂亮，男孩很英俊。这样的少男少女会没有追求？这样的少男少女会没有学识？这世界，孩子们若个个都这么生动漂亮；这教育，若能造就这样可爱可人的下一代，那该有多好。

沙滩上留不住长久的大字，写得再大，划得再深，也难挡海浪柔柔的抚摸。海浪一路追逐，大石挡住我们的逃路，猛一抬头，“天涯”两字赫然刻在大石上。海岸边，树影下，亭子里，多的是老人。因为没有孩子们的嬉闹，移步换景，总觉美丽有余活力不足……海鲜要在海边吃，大东海的海边排档当然要比其他的夜排档贵得多，我们明白，我们吃的一半是海鲜，还有一半是海湾晚霞中的赏心悦目的秀色。前天晚上大众夜排档上那低等歌手让人无法忍受的歌唱，一声声，一句句，触动人们对“想说爱你不容易”的艺术教育的脆弱的“神经”。

南山的临海观音，居然没法零距离朝拜，若要拜倒在佛的脚下，你必须购上一张 80 元或更高价钱的卡，这种违背佛教精神的行为，居然让绝大多数的游客理所当然地接受了。拦在门边的工作人员当然是唯“上方”的指令是从，却不知“上方”胆大妄为，居然只让有钱人入门拜佛可却把贫穷的修炼人拒绝在佛门之外。

亚龙湾潜水项目，实在太“小儿科”，这下潜三四米还用得着装模作样地背上个氧气瓶？想当年我们“同学少年”，暑假生活的一半乐趣是在河里啊。后“文革”时期，我们读书不多，但素质教育有的是。潜入河浜深处四五米，一分多钟没问题，浮出水面，手里还捏着一条脚板大的河鲫鱼。如今，潜水教练压着我的背，我却下潜得比他还快。教练肯定很纳闷，我这个戏称“不会游水”的人怎么就比他潜得还快呢。

南山景区里游人很多。老人很多，老外很多，情侣很多，唯独孩子们不多，学龄孩子更少。想必是孩子们没时间来这里玩吧，唉……

想起了一位校长发给我的一条短信，放在这里，也让大家一笑：

君子坦荡荡，小人写作业。

商女不知亡国恨，一天到晚写作业。

举头望明月，低头写作业。

洛阳亲友如相问，就说我在写作业。

少壮不努力，老大写作业。

垂死病中惊坐起，今天还没写作业。

人生自古谁无死，来生继续写作业。

众里寻他千百度，蓦然回首，那人却在灯下写作业。

第四章　学校教育，多一些国际化思维

“高效课堂”应该缓行

“高效课堂”的发明，着实为我们教育的课堂教学改革放了一把火。在论坛上，在研讨会里，这个词被高频率使用和强化，但很少有人对这一概念作出清晰明白的定义。大多数人是在人云亦云的课堂研究的“集体无意识”里知其然而不知其所以然地呐喊着、兴奋着。

让我们冷静下来吧，让我们多想想“高效”的上位问题吧。有理性的批评者已经从各个方面提出了意见，在这里只想表明：加入我们的课堂是应试的，那么我们越高效就越是因为“应试”而背离素质教育的方向。

谁说这样的课是素质教育的？这样的所谓高效，不就是提高学生的注意力和思维的强度，从而让学生“过目不忘”“过听不漏”吗？“不忘”和“不漏”的对象是什么？不就是那些考试中很能得分的“知识点”和强化之后能形成学生考试中思维自动化的“能力点”吗？这样的高效课堂，骨子里的终极目标仍然是培养学生的应试能力。教育改革不是“换马甲”，没有本质的改变，越“高效”，老师越苦学生越惨。我们用一整天的时间炮制出的“导学案”，里边有多少是素质教育的东西？我们能做到每堂课都准备这样详尽的导学案吗？这只不过打着“高效”的旗号，想用更隐蔽的应试教育手段去强占学生（潜意识里不愿意再失去）的学习世界中已经少得可怜的那块“素质学习”的“自留地”而已。

“一讲到底的课”就一定不是好课吗？1995 年 11 月的一天，我们在上海华师大附中听课，这位姓陆的语文老师上鲁迅先生的《记念刘和珍君》，一堂课四十五分钟，前 20 分钟讲了“三一八惨案”，虽没有音像等手段辅之，却绘声绘色。听课的十几位语文老师多次执教《记念刘和珍君》，却个个被强力吸引。接着 20 几分钟，话剧演员出身的陆老师从头至尾把全文作了一次完整的范读，我们听课的全体老师，听着，感动着。要让自己也练就高超的朗读水平从而使语文课充满艺术的美好的决心和情愫，油然而生。一堂课下来，看似没有提一个问题，没有与学生作一次交流，实则问题的提出和解答、师生的双边交流无处不在、无时不在。我们不反对“老师少讲点，学生多动点”，但我们强烈反对用一种模式软硬兼施地让老师去接受、去使用。课的好坏与教学的优劣，是人的问题，是教师的问题。

作者在美国耶鲁大学

“只要努力你就能成为好教师”？“努力”是必要条件，有之未必然，无之必不然。没有教育教学的苦练，成就不了我们的深厚的教学功底。若离开了素质教育，我们离好教师就越来越远，即使凭借优越的“高效课堂”的成绩而获得诸如一等奖、最佳奖，这样的教学品质仍然不佳。一名好教师必须具备许多天然的素质，有些教师少悟性，知其然而不知其所以然，哪怕练上十年二十年也成不了好教师。许多人深知其意却心照不宣，致使教师培训中多了许多“皇帝的新装”。

“高效课堂”，在没有实现从应试教育向素质教育本质转变的情况下，应该缓行。

“海归”成“海待”，无须大惊小怪

一直以来，受“崇洋媚外”思想的影响，激发起了全国性的留洋热潮，有条件的利用条件，无条件的创造条件，大家纷纷拼“走出去”的战略，结果留洋人员越来越多，“海归”一族就自然失去了吸引力……海归成“海待”，对于狂热的教育投入浇了一盆冷水，让沉迷其间的人，将会更加清醒而理智……这无疑是一场思想上的革命，使不理性的认识回归于理性。当海归褪去表象的光鲜之后，依附于经历之上的价格才会贬值，其真实价值才会得到体现。

网上的这段文字，代表了好多人的看法。这段文字至少流露了三层意思：一是当前的留学市场很狂热；二是“海归”成“海待”给推崇洋学者上了一课，从此他们变得理性；三是“洋学”似乎只有失去了它的光鲜之后才显示它的真实价值。字里行间似乎流露着“海归”成“海待”的得意和留学市场从此变得理性、留学从此从欣欣向荣走向萧条冷清的窃喜。只要仔细阅读体味，我们完全能感受到在这种看似“打酱油”的腔调下“唯恐留学不冷”的潜台词。

“海归”成“海待”，是事实，更是留学事业的进步，是好事。许多出国留学的家庭，在没有全面了解具体部署的情况下贸然出国留学，造成了留学的许多问题。大约十年前的留学生成流落生问题，大约五年前的留学低龄化问题，今天的“海归”成“海待”问题，每一次问题的出现，都会跟进相应的问题分析和问题解决的方法。教育部及下属各教育行政部门都能及时形成一种对留学的正确导向，给在黑暗中摸索的留学人以适度的指引。一路问题，伴随着留学的一路成熟。十几年之后，国外的求职市场依然机会渺茫，甚至就业形势更加严峻；国内的企业也不再“迷恋”洋文凭，“重能力轻学历”正在逐步形成共识。唐骏的学历涉嫌造假，让人们更全面更客观地评价“海归”。目前，越来越多的家长，在送孩子出国留学的问题上更智慧更冷静。出国留学目标的“文凭取向”向“能力取向”转变正在实现……没有问题的出现，就不会有留学市场的成熟，留学如此，国内的其他领域中的其他事业，也是如此，我们要报以掌声，没有理由冷嘲热讽。

我们不能盲目地把出国留学与“崇洋媚外”画等号。一概把留学者以及留学教育工作者扣上“崇洋媚外”帽子是不妥的，这是我们潜意识里的一种莫名的嫉妒。先不说从前与当代的留学者为国家为民族作出的贡献和带来的有形无形的利益，就冲着他们“共享国际教育优质资源，报效伟大祖国浓浓恩情”的口号，冲着他们学得更好做国际人的决心，冲着他们“水往低处流，人往高处走”的发展规划，我们也应该为之微笑、为之呐喊、为之助力。

其实，国外企业对留学生的从业要求，本质上没有变。对于理性留学的人士来说，“海归”成“海待”早在意料之中。十几年或几十年，国外公司对中国留学生的苛刻要求一直延续着，但真有本事的优秀留学生，那些大公司还是毫不犹豫地招入并给以高薪。那些大公司大企业，他们看好著名高校的优秀本科生而相对不看好研究生，他们看好全面素质和可持续发展的能力而相对不看好过于专业（除非特殊需要）的留学生，这些都不是他们的错。错的是我们自己，错的是我们没有全面了解掌握人才培养的目标。四大会计师事务所无论是普华永道（PWC）、德勤（DTT），还是毕马威（KPMG）、安永（EY），到了中国虽然都把员工分为五层（第一级是普通员工，下属又分为两级；第二级是资深员工，分为三级；第三级是经理，第四级是高级经理，第五级为合伙人），但每一级别的员工要求都不唯学历。招聘新员工，看重的是全面素质。国内的银行会招历史系毕业的大学生吗？不会，但他们会。四大会计师事务所青睐那些文理兼顾、文武双全的毕业生。从这点出发，我们许多留学生当初专业的狭隘的选择就是问题。

其实，留学生中有许多也不是一定为了留在国外生活而出国留学的。这几年，越来越多的国内高智家庭，他们不以“留国外”为留学的终极目标，他们追求的是对教育的本质回归，是教育的优质资源。时代的进步，社会的发展，国际化程度的提高，人在哪里工作越来越不重要，白领蓝领的界线也会越来越模糊，上班下班的限制也会越来越宽松。大批留学生的“海归”，大批“海待”的出现，很正常。“海归”“海待”中淡定者有的是，非“海归”“海待”者却似乎惶惶乎不可终日。

还是那句话，与其事后讽喻，不如助人事前预设和防范。

杂说教育的“残忍”

最近，郑州兴华小学四年级学生邱梧桐（9岁）频频出现在媒体上。

因为他有10项特长，钢琴、小提琴、吉他、声乐、街舞、架子鼓、表演，他样样精通；因为他每天花6小时练习才艺，从没午休过而且为保护嗓子一年吃不上一两次冰淇淋；因为他是一个影视歌三栖童星，曾参加过《中国达人秀》《非常6+1》等多场文艺演出，参演过多部电视剧，今年3月，还参加拍摄了好莱坞影片《反抗者》；还因为梧桐妈妈是一所知名高校的硕士研究生，2008年，毅然放弃了月收入近万的工作，全心全意培养儿子，使得孩子的学业成绩不仅没落下，而且很优秀。所以有许多人对此持否定态度，大有以看破了“虎妈”“狼爸”之红尘的态度，横加指责批判。一句话，这对孩子太残忍。

小梧桐面对记者或媒体，当然会回答“很愿意”“不痛苦”之类的话。这回答当然不是全部可信的。这残忍是真实存在的。每个家庭的背景不一样，孩子经受的“磨炼”也就不同。你有万贯家财，孩子当然可以优哉游哉；你不愁吃不愁穿以麻将扑克酒宴歌舞为生活的主体，孩子当然可以而且也一定也“油头粉面”“风花雪月”。但是，有些家庭就不一样了。那些突遭变故或者命运对之不公的家庭，他们必须把希望寄托在下一代；那些进入到上流或中流社会的家长，深知“仅有窝窝头的幸福还不够”的家长，那些为孩子的十年二十年三十年考虑的家长，他们当然要把自己的孩子培养成“活得比自己好”的人。凭什么让孩子活得更好？凭什么让孩子活得比别人的孩子更好？在社会利益分配格局已定的今天，只有“奋斗”。

第二次世界大战后，日本四岛哭声一片，当时的日本孩子不苦不行，所以那时当然没有人推进“素质教育”和“愉快教育”，大和民族硬是凭借着他们的一碗“阳春面”精神，让若干年后的日本国恢复元气并跻身于发达国家之列。中华民族的复兴还没有完成，我们不能失却卧薪尝胆的忧患品质。这种奋斗和磨练，于家于国，必不可少。

想起一个电影镜头：抗战期间，一个十来岁的勇敢的女孩，面对乡亲们的尸体，面对鬼子的屠刀，不害怕。不像我们想象的那样躲到大人身后，也没祈求爸爸妈妈的保护。逃，到了悬崖，她只能躲到悬崖背后，双手攀岩，身体挂在空中。坚持，坚持，瘦弱的手臂当然不能长时间坚持……就在掉下去的一刹那，女孩，坚强的女孩，无奈的女孩，口中本能地喊出了“妈妈……”

这是灭绝人性的日本鬼子的残忍。在生死关头，妈妈不在身边，这才叫残忍。

现在的孩子，和平年代的孩子，幸福生活着的孩子，不会“被残忍”到什么程度的。真正注重于孩子成长设计并一步一个脚印付诸实施的家庭，对孩子艰苦程度的把握一定有度，对孩子的苦难不会袖手旁观。那些被逼得无路可走的孩子，恰恰是那些对孩子的成长漠不关心或口头重视却没有真正投入的家庭的孩子。无怪乎那些家庭，孩子一出事，家长还“丈二和尚摸不着头脑”。所以我说，那些对孩子一步一个脚印实施成长计划自己也努力付出的家长，不是残忍的家长；反之，对孩子的成长不关心却又拿别人的“残忍”说事，在孩子需要关心和帮助的时候自己却不在孩子身边的父母，他们才可能构成教育的真的残忍。

冷看“兢兢业业”与“教育坚守”

行家告诉我们说“不能兢兢业业地贻误我们的孩子”，我们深有感触。是啊，我们仅有教育孩子的“兢兢业业”的态度是不够的。在这里想表达三个意思：

一、我们首先得有正确的目标定位

大道理我们不说，从孩子成长发展的实际出发，为了收到教育教学的良好效果，我们必须要有教育教学的明确（或基本明确）的目标。眼下，应试教育还没有得到根本性的改变，教师的教育教学目标一般都走向两极，一头是与教育方针完全吻合的以“人本”“人才”“民族”等为关键词的远大目标，一头就是以“中考”“高考”“就业”为关键词的终极目标和以“分数”和“名次”为关键

作者在香港中文大学

词的近期目标。学校、教师的教育没有对孩子进行个性化的定位，所以，在目标的定位的问题上，家长自己得更加用心。有没有“目标”的设计，这对孩子的成长至关重要。可以这么说，哪一户家庭孩子的成长设计做得好，教育教学目标定位明确合理，哪一户家庭的孩子的良好成长就更有保障。若真的“不让孩子输在起跑线上”，更大的责任不在学校而在于家长。家长都知道自己养育孩子的职能，但还是有许多家长没有充分认识自己的教育职能。能不能给孩子做成长设计，能不能帮助孩子一起解决成长过程中的实际问题，这是新家长时代家长合格与否的一个标准。没有目标，或目标错误，或目标偏离孩子发展的真实，教师和家长越“兢兢业业”地用功，那么，到头来后果就会越严重，失误也就越无法挽回。“先做正确的事，后正确做事”，良苦用心就在这里。

二、我们得在方式方法上下工夫

任何教育孩子的方式方法没有绝对意义上的正确与错误。我们提倡教育的多元化，我们也得提倡教育方式方法的多元化。是多“元”，而不是多“种”化。由一变二、二变三，那是多“种”；由 A 生 B，由 A 生 C，或由 A 生 -A，由 A 生 A_1……那是多“元”。“元”的基本意思是“开始”“起点”，它从零开始，没有前面的假设。用这种认识审视我们对孩子的教育教学的方式方法，我们会发现我们自以为正确的方式方法很多都有了问题。教育教学经验生成了我们的方式方法，即使我们自以为正确而屡试不爽，那也是基于过去的一般情况。面对眼前的教育教学个体，不一定是正确的、优秀的、高效的了。都说知识更新太快，我们当然也得认识到方式方法的更新之快。那些传统的优良方法，过时了的很多很多。为什么要大批量禁止学生用手机？为什么要大范围禁止孩子上网？为什么家长翻看孩子的隐私可以理解？为什么孩子就不能怀疑老师和家长“总为孩子好”的良苦用心呢？为什么孩子一有情况就要先到家长那里告状？为什么批评教育到了最后总得让孩子认错……若方式方法错了，我们越兢兢业业，孩子离我们就越远。

三、我们不能总拿我们“光荣的过去”说事

回想我们青少年时期，爸爸妈妈老师校长总拿他们的光荣过去说事时的感觉吧。那时的我们唇红齿白、意气扬扬，认为什么事都懂、什么人都不在话下，我们也不是一样耳听心不听，表面点头心里摇头吗？“现在的孩子聪明着呢！”我们总这样感叹。当然，人类总是向前进步啊，我们的下一代积淀承继了几代人优良的基因，他们的高智商高情商当然不容怀疑。孩子的聪明，聪明的不仅仅是他们掌握的新科技新知识，聪明的是新技术新知识背后的新思维新思想，聪明的是他们开放的心灵。我们年轻时，因为听了老一辈光荣的过去而亦步亦趋成就事业的有多少？因为不听教诲而叛逆、发愤图强的又有多少？历史上有多少成就大事业的人是顽强地反叛出来的？又有多少人冲破不了牢笼而郁郁平庸呢？我们比不上孩子，我们就得承认孩子的能耐并鼓励他们向更有能耐的方向发展。我们的计算机水平不及孩子，这不是光荣的事，我们要虚心学，不能因为年岁已老而心安理得；小孩子不能抽烟，我们能抽，这也不是什么能骄傲的事，既然孩子反对我们抽烟喝酒，那我们就得考虑戒烟节酒。少拿光荣的过去说事，多拿孩子美好的未来鞭策。往前看，看二十年后、三十年后孩子们的美好生活；往后看，方向相反，越是兢兢业业地努力，就越挫伤孩子的自信，贻误孩子们的远大前程。

……

面对物欲横流和文化的快餐化，面对教育圈内出现的急功近利和浮躁的现象，有识之士提出了对教育的“坚守”的主张。专家学者在台上斩钉截铁、掷地有声的呐喊佐证，表现出教育人的那种愤世嫉俗和对优良的教育传统的捍卫，情真意切，让人心里暖暖的。

走出会场，突发奇想：教育要坚守吗？教育到底该坚守些什么？我们优良的教育传统已经守不住了吗？

“守”与“攻”相对，那么是谁在“攻”我们优良的教育传统的城堡呢？又

“攻”到了何种程度了呢?

教育改革，特别是课程改革（还有接着就要强势推进的第二轮课程改革），我们总要革掉些落后的东西，革掉些不利于教育发展的东西，革掉些长期困扰着我们的那些应试教育的陋习。是啊，改革不是改良，不是改善，它必须是颠覆性的。那些阻挡教育改革步伐的落后事物或者在改革中新生成的却有碍教育发展的不良事物，都应该在改革对象之列。我们的教育改革正在铺开深化中，我们的教育改革远没有接近尾声。那么，教育的形势怎么会有“攻”或“守”的判定呢?尚且，我们应该在“攻”方啊，咋就在“守”的阵营里了呢?莫非，我们自己的立场和主张在不知不觉中位移了?

“坚守”与“保守”，一褒一贬，但“守”的特征却是一样的。保持、卫护、看管、维持原状，这些便是“守”的基本义项。教育传统，优良的教育传统，太丰富了，我们该守住哪些呢?其实，为坚守教育摩拳擦掌的同仁们，不一定能说清楚他们到底要坚守些什么。教育改革总是在两难中行进，有时在悖论中行进，而且我们有时会错杀无辜，甚至有时需要如诸葛亮挥泪斩马谡般地丢卒保车。教育改革没有付出一定的代价，改革不会成功。当我们的改革错杀无辜的时候，其实不是“守”与“不守”的问题;当我们的改革丢卒保车的时候，也不是“守”与“不守”的问题。这是改革路上探路时的甄别问题。甄别有了结果，对错显现，好坏自明，还用得着去“守”吗?当然，我们得考虑把代价降低到最低限度，但这总是一种理想。我们得有这种心理准备，随着改革接近攻坚，难度大增，代价也就会大增，否则就不是攻坚了。

随着教育改革的深入和教育发展的加快，新的有悖于我们常态思维的东西会越来越多，教育新的两难问题会越来越多，甚至，教育新的怪事会越来越多。这其实不可怕，哪怕是山雨欲来风满楼，我们也得有高尔基笔下的“海燕”般的信心。“海鸥在暴风雨来临之前呻吟着，呻吟着，想把自己对暴风雨的恐惧掩藏到大海深处。海鸭也呻吟着，这些海鸭呀，享受不了战斗生活的欢乐，轰隆隆的雷声就把他们吓坏了。愚蠢的企鹅，畏缩地把肥胖的身体躲藏在悬崖底下。只有这高傲的海燕，勇敢地、自由自在地在泛起白沫的大海上，飞翔。”

所以，不说坚守，多讲自信;不说坚守，多讲发扬;不说坚守，多在传承并发展上下工夫。

有人说“专家常常是改革的真实障碍”，也有人说“改革者常常到头来成为改革的反对者”，我们千万不能让这样的预言成为事实。

教育是慢的艺术，但是……

常言道：“十年树木，百年树人。”张文质先生说：“即使是知识的获得，经常也是困难、艰苦、缓慢的过程；人的成长更是曲折、艰难，有自己的规律，一点也勉强不得。”钱理群先生非常认同张文质的分析，他的评价是：“是对教育甘苦的深切的体验和对教育本质的深刻认识。”

是啊，教育是慢的艺术，教育必须慢，教育必须以耗掉更多的时间的慢，来期待受教育者的潜移默化的改变。

在百度和Google里搜索“教育不是慢的艺术”，得到的却都是“教育是慢的艺术”的回答，可见大家在这一点上的认同绝对一致。

但是，想说两点：

1. 慢的是教育，慢的不是教育管理和教育行动。教育的慢，我们等待的是受教育人的改变过程的完整实现，不应该异化为我们教育人行动的悠闲和不作为。“教育是农业”，意即禾苗的成长必须完成一个过程，切忌拔苗助长。慢的是禾苗，慢的不是农夫。宁波话里有“把节”一词，意思是勤劳，原意就是“把”住农业的时“节”。什么时候做什么事，什么节气安排什么农活。越过了节气，没有适时播种（或除草、杀虫、收割）就会影响收成。以前有“双抢”一说，即“抢收抢种”，农民们知道，早稻的收割与晚稻的种植必须赶在立秋节气之前。这一个“抢”字，与稻子的成熟的“慢”没有关系。一个焦急等待禾苗成熟的农夫才是好农夫，一个对孩子成长没有焦急之心的老师或家长就不是好老师好家长。

2. 慢是教育的本质属性，是我们思考教育问题的一个基点，但不能作为我们教育惰性的理由。正因为教育的过程复杂，正因为教育的周期较长，我们更应该在教育行动和教育计划启动的问题上提倡只争朝夕。树木十年，今年即树，非五年后才树；树人百年，今年即树，非十年二十年后才树。从长计议，不是从后计议。孩子犯了错，当然希望他立马改正，孩子学业成绩下滑，当然希望他立马赶上。督促指导孩子的教育行为不能慢，谋求孩子学业上进的计划和行动不能慢。教育要改变的问题很多、很难，我们不能因为它的多和难，就在那种“慢”调里“磨磨唧唧”“优哉游哉”。教育的公平问题，能拖着吗？教育恶化了的同质竞争问题，能拖着不解决吗？应试教育下教师、学生和家长的“镣铐”，能拖着不去“解放”吗？

过分强调教育的慢，会背离我们的本意。我们要真正理解“教育是慢的艺术”的内涵，切不可把这教育的“慢”任意扩大和泛化，切不可从一个极端走向不合理的另一个极端。

淡化“开学第一天”，如何？

在Google里搜“开学第一天领导”，有4210000条。“开学第一天校领导走进课堂。”“开学第一天，沐浴领导关怀。”“开学第一天，安全教育、环保教育等成为第一课。”“开学第一天，市教育局领导、专家组莅临我校随堂听课暨进行安全工作调研。”“开学第一天，特殊教育学校成了某主任一行视察的第一站。”“开学第一天，市领导深入学校视察开学工作。”“9月2日晚8：00，某某县各中小学学生迎来了开学后的第一课——收看由教育部与中央电视台联合制作的电视节目《开学第一课》，认真学习如何发现美、传递美、创造美。”

开学第一天重要，但没我们想象的“那么”重要。

我们重视开学第一天，目的是让学校让老师让学生立即进入工作学习状态。学生从相对放松的暑假进入相对紧张的学习状态，得有一个过程。要在一天时间里让孩子们达到学习的理想状态，这可能不科学，除非孩子们本来就是这种学习状态（因为有些孩子没有假期“放松”的条件）。老师也一样。因此，开学第一天精心设计的各类视察、调研、活动，我们要力去“行政化”和“形式化”，况且有些事情放在这“第一天”去做不见得有显著成效，倘若准备不充分，效果反而不好。

有一种理论：我们应该更重视“收尾教育”。

收尾教育与起始教育相对。我们吟诵“一年四季在于春，一日之际在于晨”，“良好的开头是成功的一半”，我们也不能忘了“有始还得有终”的古训。与“结尾”相比，我们向来更重视“开头”：为新落成的大楼剪彩，为新的公司揭牌，都竭尽热闹之能事。即使是大会刚召开，也得冠以“胜利”两字，即“胜利召开”。这些仪式，寄托了我们美好的愿望。我们对“结尾”就不大讲究了。公司清算或倒闭，没有人为了总结经验教训来一个“关门”或“盖牌”仪式；即使大会没有达到预期的目标，主持人也总是以“胜利”结尾。有多少学校隆重开学也能隆重休学？有多少学校能做到隆重举行毕业典礼，而且把学生家长请来？有多少学校的毕业典礼上，老师和领导能穿正装出席？我们重视了学生的升学和成绩，我们却放弃了毕业典礼这个我们必须做的教育教学的“最后一个环节”。

要让孩子们对某些事发生兴趣并不难，难的是让兴趣恒定；要让孩子有个良好的开头并不难，难的是让孩子有个成功的结尾。这世界上有许多事的成功离不开成功的开头，但并不是说所有成功必须有个良好的开头，我们不能把或然判断当作必然判断。在现实生活中，有始无终坏习惯的孩子很多，而且越来越多。

作者参加美国康奈尔大学毕业典礼

不具备“有始有终”品质的孩子常常不会有坚强的毅力，三分钟热度的孩子是不大可能成大器的。素质教育，我们让孩子学习好多的东西，我们让孩子们一次次地站在学习的起跑线上，但是我们很少有人站在孩子失败的终点，对孩子的成长问题作出真实详尽的研究。我们不重视“终点”，孩子也就不把“终点”当回事。孩子不能有始有终，与我们不够重视“终点”有关。我们告知孩子“起始”的时间，同时我们也告知孩子这件事“结束”的时间；我们规范孩子的“起始”，我们同样得规范孩子的“收尾”。

不具备“有始有终”品质的孩子不会有强大的责任感。责任是什么？责任是对“结果”“结尾”“结局”的负责。一个人连“结果”“结尾”“结局”都不关心不关注，他会有责任吗？现在的孩子缺乏责任意识，那是因为我们没有做好必要的“收尾教育”，没有放大、强化“结果”“结尾”“结局”意识。我们让孩子参军，就得让孩子知道可能有的结局；我们让孩子出国留学，就得让孩子勇敢地承担起留学的结果，承担起自己的人生。

不具备“有始有终”品质的孩子常常不会全面考虑问题，更不会换位思考。孩子之所以是孩子，就是因为孩子思考不周全，思想不成熟。孩子的许多问题，都是因为思想不能“全面”引起的。教育就得在培养孩子的“全面”上下功夫，让“收尾教育”促进孩子的“全面”成长。

所以我们得强化“收尾教育”，淡化低效的“起始教育”，淡化“开学第一天”。

实话实说三则

（一）

据中国之声《央广新闻》报道：当同届学生正奋力向6月高考冲刺之时，武汉华师一附中高三（1）班的35名学生都将收到美国高校的录取通知书。在这个班上，不少国内高考制度下的“中等生”，却成了美国高校眼中的优等生。

网上一查，高三（1）班是华师一附首届国际留学实验班。高二时，这个班已经组班，组成后的（1）班，全班学生都放弃国内高考，全力冲刺国外大学。这是一个挺好的办法。想留学的学生越来越多，让这些孩子化整为零分散在以国内高考的学生为主体的班级里，还不如索性合零为整组班使之“专业化”以提高教育教学的实效。

“留学实验班”，这不只是华师大一附中有，全国各地的那些名校中，有好些学校都开始有了（有些学校除这三类班级之外，还编成“体艺班”，专门应付报考体育和艺术的考生的高考需要）。留学实验班的课表与其他的高考班有所区别，除了一般的高中课程之外，他们还要上交际英语、托福、雅思、英美概况、人文讲座等课程。

“留学实验班”的出现，从学校的角度看满足了至少两种人的要求：关注国内高考升学率的老师认为，学生要留学国外，这与老师无关，是学生及家长的“个人行为”。让准备留学的学生“混迹于”高考班，会导致高考班不纯粹、无斗志，影响唾手可得的满意的升学率。于是他们要求学校专设“留学班”，以清除那些“异类”。另一种是那些有与时俱进意识的老师和领导，他们清晰（或比较清晰，或模糊）地感觉到，学生留学是一种重要的教育教学现象。面对这种需要，学校不能一味把这种非传统的教育推给社会，推给家长，推给非主流教育机构；不能不问不顾让准备留学的学生和家长艰难地“行走在升学的边缘”。于是他们认为留学前教育也应该成为学校教育的一部分，专设“留学班”是一种合理、一种进步。

近些年来，人们对留学现象一直有不同的看法，赞同并加入这个行列的人群越来越大，这是事实。但大多数人还是不了解“留学现象”甚至盲目仇视，把那些留学不成功的反面例子作为自己强烈抨击“留学”的“炮弹”。即使在学校教师的群体里，不理解留学，曲解留学的老师和校长大有人在。他们没有深入了解，没有深入思考，机械地把出国留学与“不爱国”画等号。没有间接或直接介入留学的人们对留学不了解，情有可原；老师不了解留学，那是不可以的；大喊着要教育改革甚至要教育革命的校长不了解留学，更加不可以。

华茂外国语学校召开第二个十年发展规划的学生家长恳谈会，十一位家长代表在校长对学校发展规划的解读之后，都各自发表了自己的意见。十一位家长中，有八位家长直接肯定了华外的“承认差异，提供选择，开发潜能，多元发展”的办学理念，他们把话题锁定在孩子成长中的“成人”问题，一改我们那“家长会就是家长追着老师替孩子要分数”的印象。中午的工作餐上，家长们更是畅所欲言，对学生留学问题进行了讨论。几位家长对孩子留学问题的认识和对留学常识的掌握，让我们觉得：留学，已经不是我们认为的少数人的事了；留学已经成为一个大众的普通的问题。

我们的老师不了解留学，应该感到惭愧。

人在逐渐落后的时候是不以自己为落后的。因此，教师的专业发展，教师的各类培训，当务之急是唤起教师的“改变欲”，唤醒教师的忧患意识。没有这种“改变欲”和忧患之心，再好的“新课程理念”，再多的“途径路径”，都是徒劳。当我们悄悄地坐在教师培训的大会场里，看着台下听讲的教师无所顾忌地闲谈、会场内自由走动、手机音乐不断响起、人数越来越少的情景，我们的心实在难受。我们能不能先不说那些没用的课程理念，先想方设法、千方百计把教师推到教育的前沿去，让教师的心难受，让教师真实感到自己的落后？

留学生不是升学的“异类”，不思进取的人才是今后世界的异类；留学实验班是教育的进步，我们应该投以赞赏的目光，报以热烈的掌声。

（二）

广州幼儿园教师狠摔女童事件的“主角”叫许立欢。2012 年 5 月下旬的一天，待业在家的许立欢和朋友逛街，看到子惠康复中心门口贴着招聘教师、保育员的广告。她略作询问就报了名而且下午就进行了面试。面试顺利通过，许立欢很快就入职，试用期工资为 1000 多元。该中心的负责人谭添尹表示，员工只要有“爱心”，可以不限学历，也不在乎有没有幼儿教育的学历和经历，“入职后可以跟着老员工学习，边教边学。”如此，许立欢就成了幼儿教师了。

美国康奈尔大学毕业典礼场面

有许多网友恨之入骨，把怒火迁移到教师人群，这不恰当，因为许立欢不是教师。许多体罚学生事件，具体了解，我们就会发现，这“板子”不能打在“教师”身上，应该打在学校、行政、社会的身上。许立欢，与“教师”无关。教师，实在是一个“别人生病，自己吃药”的行当，因为他的脸上贴着“灵魂工程师”的标签。

温岭蓝孔雀幼儿园里把孩子头朝下扔进垃圾桶、把一小孩的两只耳朵拎着往上提并让别人拍下这一幕的虐童教师叫颜艳红。“颜艳红毕业于幼儿师范，有关方面说她没有教师资格证书。”这是怎么回事？非师范类学生毕业当老师要再考教师资格证，师范类学生既然毕业，就拥有了资格证书。要么没毕业，要么没证书，反正不是教师，那么，“各路人马”为什么又总是往“教师职业道德”上扯呢？这状态，自然让人想起鲁迅笔下王五打阿Q的故事。

早在2008年，浙江省教育厅就出台政策，要求在2012年实现80%的持证率，截至2011年底，全省幼儿教师持证率为60%，尚有四万教师并没有取得教师资格证。也就是说，有四万个没有教师“驾驶执照”的人在驾驶着教育教学的“车子”，“车”上坐着我们许多可爱的孩子。

“太原幼儿园老师狂扇女童耳光事件”披露后，设置虐童罪的呼声高涨。专家呼吁，应该借此时机增加虐童罪，以加大保护儿童的力度。这个，我们当然应该举双手赞成，但我们首先得考虑减少这种犯罪而不是先建“监狱”或者把“监狱”扩容。

狂扇女童耳光的教师叫李竹青，是有资质的教师，但问题是这“资质”是不是可靠。当前的师范教育在心理素质、道德品质的培养上做得远远不够，这是不争的事实。教师准入把关不严，把部分不合格的“准老师”为了某种需要纳入合格行列，也是不争的事实。心理素质、道德品质两项“不合格”者存在着潜在施暴倾向，却也被盖上了“质量合格”的章，顺利毕业。“有缺陷”的所谓“合格”老师公然进入幼儿园、学校，自然为日后的“打耳光”“罚抄”事件种下了祸根。

为什么本该刚性的标准可以“有弹性”呢？弹性下生成的教师，不是严格意义上的教师，所以，我们要把那些不是教师的“教师”与教师区分开来，把精力放到破解“杜绝不合格教师产生”的难题上去。

不合格“教师”的所作所为与教师无关。

学校的错误行为与教师无关。

教育行政尚未补上的管理漏洞，也与教师无关。

……

“太原市教育局学前处处长田小真告诉记者：‘2011 年 11 月底前，太原市有无证幼儿园 200 多所，但是这个数字一直在变，现在到底有多少，还需要各城区细致核实。’”（北方网）

（三）

都说“是金子总会发光”。

在谈到“民族的”才是“世界的”还是“世界的”才是“民族的”这一辩题的时候，曹意强教授认为，我们必须把中国的“好东西”推向世界，并说“金子自身是不会发光的”，意即我们要让金子发光，必须借助于光源。

把这一理念用到孩子的成长设计上，我们要多多寻找并利用孩子成长的“光源”。

父母是第一“光源”，在让孩子“发光”的问题上，具有最重要的作用。随着社会的变化，教育的进步，我们越来越重视孩子成长中的个性特征问题。面对一个孩子的群体，学校里的老师要比较彻底地弄清楚每一个孩子成长的个体特征是很困难的，况且，孩子在学校的教育环境中，呈现在老师面前的常常是共性或“修正”了的个性。因此，因材施教一直是我们的教育理想和追求，真真实实现因材施教，很困难。所以老师这一“光源”对孩子群体中的某一个孩子来说，什么时候在什么情况下从什么角度发出什么样的光，要做到正确、准确、精确是很难的事。家长较之老师，在孩子的个性了解上更有优势。孩子在家中一般都处于比较放松的真实状态（有些特殊家庭除外），父母有更多的机会接触到孩子本真状态下的个性表现或张扬的情态。随着新家长时代的到来，越来越多的父母，凭借自身的学历、心智、能力的优势，对孩子实施着全方位的关怀。什么时候在什么情况下从什么角度发出什么样的光能让孩子“发出光”“发好光”，那些有智慧的父母做得很好。父母使用“光源”的准确度较之老师更高。从这个角度看，现代教育倘若缺失了家庭教育，等于缺失了最强的“光源”，让孩子的教育环境暗淡了许多。

有些孩子的成长很少让父母担心和操心，于是有些父母便认为无须自己去花费时间刻意让自家聪明的孩子“发光”。其实，那些在别人的眼里是“金子”的孩子，更应该得到父母的“光源”。那些孩子的确很出色，成长中的确充满了许多光环，但若有父母的更优良的“光源”，他们会更出色更辉煌。所以，没有自己的积极投入而得到孩子能“发光”的结果的父母，不能作为我们在成长话题讨论中的楷模。

比起家长来，教师这一“光源”虽然弱一些，但教师仍是孩子“发光”的第二大“光源”，关键是我们的老师能不能在对孩子的个性特征的了解上下点“功夫”。有许多优秀班主任、名教师，他们之所以成为优秀班主任或名师，都是在把握所教学生的不同特点上下足了“功夫”。说得明白一点，优秀班主任或名教师，都是把握孩子特征的高手，他们善于比较和认识这孩子区别于那孩子的本质属性。在应试教育还没有得到本质改变的今天，教师中能密切关注孩子成长中的个性特征问题的比例还是不高。不是教师不懂孩子个性特征把握问题的重要，而是教师没法集中精力在这一问题上下“功夫”。当然，也有一部分老师，没把对学生的个性把握当回事，对学生等量等时等角度“发光”，造成“光源”的严重浪费。这些老师发很多的“光”，而且发得很辛苦，他们兢兢业业、任劳任怨、诲人不倦地发着“光”，最后红烛燃尽，发觉周边还是灰暗如初。所以，我们追求高效课堂，实际上是在追求因材施教的实现。我们要先了解孩子的个性，然后再研究课堂高效，两者不能本末倒置。在学校，在课堂，我们强调“以人为本”，强调“一切为了学生”，其实就是强调发出光源，让学生这一金子发光。让金子发光，这才是我们教育的终极目标，至于“金子发光”之外的其他因素，都不是我们的终极追求。自主学习课堂，我们也得牢记“金子自身不会发光”的真理，不能弱化教师的教育作用而幻想学生的“空穴来风”式的自主学习和自主进步。

在孩子的成长过程中，还有其他的“光源”，比如同伴的“光源”，比如社会环境的“光源”等等，都应该成为我们关注和研究的对象。确认“金子自身不会发光”，我们才能让教育返璞归真，思考一些教育的源头问题。

高校生源减少意味着什么？

由于以下原因，高校生源减少：

一是近四年来，出国留学人数以每年20%的速度增长，2011年出国留学人数近34万，2012年预计超40万。二是大学毕业后工作难找，或工作后工薪不如意。“如果上了大学还找不到好工作，我为什么要上大学呢?”三是计划生育政策的强势推进使人口出生率下降，导致近几年高中生数量的减少（2008年开始的大学考生减少现象将一直持续到2017－2020年左右）。

生源少了，有些高校会倒闭。高职院校难以为继，低层次、无特色或定位不明确的高校首当其冲。生源不足目前影响的还是一些低层次的、无特色的高校，接着影响的是第三批本科学校，长此以往，可能会影响更多的学校。中国教育在线《2012年高招调查报告》显示：即使专科分数线一降再降，还是出现了大面积高职招生计划未完成的情况。以山东为例，专科二批分数线从2002年的350分逐渐下滑至2011年的180分，但其专科招生计划仍无法完成。2011年，山西1.2万高职计划作废、陕西7.6万上线考生放弃填报高职院校。

笔者同意有关专家的建议：建立高校退出机制，提高国际化程度，参与全球生源竞争。

康奈尔大学本科毕业生进入毕业典礼现场

为什么不能主动减少高校的数量呢？把高校看作是一个市场，优胜劣汰，虽然很残酷，但倘若有利于高等教育的发展，我们应该主动作出果断的决定。前些年的“扩大”，是社会发展的需要，没错；这些年的“内涵发展”，是一种理性的教育行为，没错；将来的一些年，大浪淘沙，整合也好，转型也罢，也是一种科学的抉择，也没错。

提高国际化程度，不能停留在口号上。应该说，教育国际化远没有达到与政治、经济等领域全球化相匹配的理想的程度。教育国际化还是处于“初级阶段”，教育人还是停留在一些浅层次的认识上，因而没有更大的教育国际化的动作。国外的学校和项目可以跑进中国，中国的那些名校为什么就不能走出国门呢？既然外国人肯定我们的基础教育，那么我们的基础教育领域的牛校为什么就不可以到国外占据基础教育的一席之地呢？与其在本地与兄弟学校白热化地抢夺生源，还不如到国外“发扬国光”呢？即使不把学校办到国外去，那么能不能先进一步积极拓展国际生源以弥补本国生源的不足呢？中国教育科学研究院副院长曾天山先生曾经说过，招收一个国外学生的经济收益是国内学生的三倍，倘若此话真实，我们的牛校何乐而不“为”呢？

当然，重头戏是高校自身的努力和发展。要有出息，就得先找主观原因。国外权威的大学世界排名有一定的局限，但主流是正确的。排名后移不可怕，可怕的是后移后没有前移的决心和打算。几年前的中国大学赶超世界一流大学的呼声现在变得越来越弱了，因为大家觉得这“赶超”不是一天两天、一年两年就能成功的容易事。能认识这一点是好事，从盲目走向理性，这是一种成熟、一大进步，但仅此是远远不够的。我们虽然说不清“赶超”的具体“线路图”，但目前的“精简”和“国际化”是高等教育的当务之急那是无异议的。

曾天山先生说：“生源危机也是一件好事，能促使中国高校质量的提高。”

外语教师到了“再提升”的时候了

外语教师必须作再一次的提升培训。

社会各界对外语人才素质的要求越来越高，特别是相当数量的“海龟”凭借他们的外语优势立足于各自的行业岗位后，国内的外语教育面临着新一轮挑战。外语人才不仅要有扎实的外语知识和高水平的外语应用能力，还必须掌握跨文化交际能力和其他学科的知识，这就要求我们各级各类的外语教育，必须由语言上升到文化的高度。但是审视我国英语教育，我们必须冷静地看到英语教育的现状尚不能适应我国经济建设和社会发展的需要。我国中学英语教师的数量虽为世界之最，但这支队伍素质不高（勉强应付当今以应试教育为主体的外语教育）直接影响了英语基础阶段教学的质量。

抽样统计表明，目前从教的中学英语教师中，女性占很大比例。从年龄分布状况看，绝大多数都属中青年教师。这一年龄段的教师既要成家立业，担负起家庭的重担，又要力求在事业中脱颖而出，担负起事业的责任。所以，这是一个难免会力不从心的群体。未来的教师培训必须突出“按需”两字，以确保英语教师继续学习的精力。

统计调查显示，师资队伍学历偏低，本科、大专、中专毕业生的比例大约是4:5:1。中学英语教师学历层次结构不合理是制约英语基础阶段教学的主要原因之一，也是与知识经济时代教育对教师学历层次逐渐提高的要求不相适应的。因此除了要加大英语师范本科生培养的力度以提高未来英语教师的学历层次外，还要通过大规模培训来提高在职英语教师的学历层次水平。

通过调查问卷和座谈，中学英语师资队伍教育教学理论水平和教学科研能力不能适应当前要求的原因，我们可以概括为以下三个方面：一是师范院校师资课程设置跟不上新形势的发展。名为师范院校，实际上只重视学科专业的教学，师资课程设置研究是一个薄弱环节。二是中学的大班额教学繁重的工作量。以应试为导向的题海练习、升学辅导的教学实际和考试成绩与奖金挂钩的管理体制，使得本已不堪重负的中学教师无暇顾及自身的专业，无暇顾及教育理念和方法的更新。三是英语新教材的使用使多数中学教师面临着挑战。长期应试教育的教学模式使大多数教师的教学机械化，一些教师观念陈旧，教学方法保守。基础教育新课程改革，任重而道远。

英语教师的培训属于继续教育范畴。随着终身教育思想的发展，继续教育以其特有的社会适应性、形式灵活多样性满足着不同主体的需要，这在世界许多国家都受到关注和支持，呈现出方兴未艾的繁荣和发展态势。教师的继续教育也已经成为许多国家教师教育的主流，成为当代几乎一切教师的必然选择。在我国，教师进修作为一种教育制度已经在法律上得到确认，有关教师的在职进修体系也正在逐步完善之中。中小学教师的继续教育正逐步由学历教育转向非学历教育，实现教师教育职前、职后的一体化。

课程是实现教育目标、完成教学计划的重要手段。我们大致可从广义和狭义两个方面来理解课程。广义的课程是指学习的所有科目及活动的目的、内容、分量和进程的总和。如顾明远主编的《教育大辞典》中将课程理解为“为实现学校教育目标而选择的教育内容的称谓”。狭义的课程是指一门学科。继续教育的课程是广义的课程，它的内容与形式都有别于学历教育。学历教育的课程设置系

在康奈尔校友家做客

统性强；而继续教育的课程设置综合性强，以某个中心问题为基础多方向展开，课程内容是动态发展的，随学习对象的不同而变化。继续教育的课程设置应当既注重专业知识和基本技能的提高，拓宽和更新知识，又要结合目前中学英语教师的实际水平，切实发展教师的思维和教育能力。这里，我们提出英语教师专业发展的三个原则：一是先进性和针对性相结合的原则。继续教育课程的设置，要从根本上改变传统的教育观念，形成科学的思想方法，善于观察、思考和分析，自觉对传统的教学观念和方法进行反思。要学习本专业的新知识和新理论，了解本专业的新成果和发展动态，要用现代的教育思想、教育理论、教育技术指导中学英语教学的改革，增加小型化、专题化、即时性的课程内容，保证信息的强度、浓度和时效性。同时，要立足于中学实际，要能解决中学英语教学中的某些实际问题，实用性和实效性相结合。二是持续性和阶段性相结合的原则。继续教育和终身教育的属性决定了实施培训的持续性和阶段性。只要社会在不断发展，知识就会不断更新，教师的素质和能力也就需要不断地完善。同时，就教师的成长而言，他们在不同阶段也有不同层次的需求。因此，英语教师培训内容应力求体现受训者不同发展阶段的共性与特性，以适应他们的实际需要。三是系统性和人文性相结合的原则。以学科体系为中心的课程设置，强调基础性和系统性，重视理论知识的传授，课程内容完整，理论性较强；而课程的人文性是课程趋向人本化的一种体现。它着眼于最大限度地发挥课程的育人功能，强调人的能力的全面发展，强调人的认知和情感的协调统一。我们的继续教育课程应使两者优势互补，相得益彰。坚持“教师本位”的继续教育，以教师发展为本，切实把握教师现状，根据教师自身需要和发展需要进行教师培训工作。在学科系统性的基础上，以中小学英语教学实践中存在的问题为中心设置课程，由涉及多学科的专题构成课程的主体。

作为教育科学重要分支领域的成人教育科学基本上还是一片未经开垦的荒地，这种情况严重制约了成人教育包括教师继续教育在科学理论指导下的健康发展。同样，目前我国继续教育课程建设也是一个薄弱环节，在英语课程方面尚无一套完整的课程体系。中学英语继续教育的课程设置可分为以下五大类，即基础教育新课程标准与教材分析类课程，英语教学理论和科研方法类课程，中学英语课堂教学分析类课程，英语教学技能训练类课程，知识更新与拓展类课程。拓展类课程是英语教师再一次提升培训的核心课程，除“英语教学发展史讲座”“英汉跨文化交际与翻译”“语言与文化知识”“英国英语与美国英语的语音比较”“英美名篇的阅读与欣赏”“语用与翻译”“语言学与应用语言学”等课程之外，引进现代的、前沿的新课程。

让国际课程“丰满”起来

在宁波的大地上，基础教育领域的国际项目一个又一个产生，这是好事。

先有十年前李惠利中学的中澳班，推出的是 VCE 课程，接着有了宁波三中的中德班，北仑中学的中美班，宁波华茂外国语学校的中加班、中美班，还有职业高中的各种合作办学项目，形成了宁波基础教育领域教育国际化的良好开端。镇海蛟川书院的 A-LEVEL 课程，之后的宁波外国语学校的 AP 课程和至诚学校的 IB 项目，都是顺应宁波不断增长的教育国际化需求的产物，标志着宁波基础教育国际化的进一步发展。目前，宁波效实中学的 IB 项目、宁波华茂外国语学校的 IB 认证的顺利通过并成为浙江省内第一所从幼儿园到高中的完全 IB 学校，又一次把宁波基础教育的国际化推向了一个新的高潮。

国际合作项目，数量不断增加，质量追求也不断升级，这是教育发展必然的趋势，不以人们的意志为转移。IB 课程，这高中阶段最优课程在宁波多家落户，应该说是宁波孩子的福音。宁波的基础教育领域的国际化已经全面铺开。但“铺开”之后呢？“铺开”之后，我们就得在质量上下工夫了，首先得做一件事，让这些国际课程“丰满”起来。

追求国际课程的“丰满”，就是完善每一种国际项目的自身体系，丰富每一种国际课程的课程体系。拿IB课程为例。以“统一高中段课程的国际标准”为起始目的的IB课程，经过长期的不断完善，现在已经成为国际上最优秀的高中课程（或大学预科课程）之一。在国外，成熟了的优秀的IB学校，可以提供给学生选择的IB课程就有一百多门，澳大利亚墨尔本的哈利伯瑞学校就有148门的IB课程可供学生选择。我们国内的IB项目，历史短，因而就显得相对不完整，课程也显得相对单薄。国内的IB学校的IB课程，能开出10门20门课程的已经算是不错了。所以我们要尽可能多多开设课程，倘若国际课程不能够提供学生以选择，那么就没有真正体现这些课程引进开设的本质意义。开设的课程越多，与之配套的硬条件和软条件就得更优良。有专家说，没有一定的外教数量，国际课程怕会有危机，这话我赞同，因为考察国内那些外教人数不多的国际项目后发现，这些国际课程应试化倾向明显，背离了国际课程引进的初衷。

学科课程开设越多，师资的数量就越大，教育成本就越高。所以，那些刚开设国际课程项目的学校，总是扣住国际课程项目的下限要求启动国际课程项目。因此，那些初行国际课程项目的学校，在国际课程上配备教师很有限，有的科目就一个教师，甚至有三个科目两个教师的。在开设的学科中，传统的理科（数理化生）课程占了绝对的主导地位，文科与艺术类课程一般没有地位（许多IB学校开不出艺术课程）。课程设置文理的不平衡，严重违反了国际课程全面发展、多元发展、淡化文理人为割裂的先进理念。有朋友前些日子咨询我，提出“孩子在一个A-LEVEL学校中无文科课程可选怎么办”的问题，我的回答只能是无可奈何的三个字：没办法。

所以，外教数量的多少和课程种类的丰富与否，是检验国际课程项目运作优劣的两个重要指标。“没有金刚钻不揽瓷器活”，既然下了决心搞国际课程，必要的投入不能太“抠门”。倘若“抠门”，我们“抠”去的是学生发展的空间，“抠”掉的有可能是项目的本质。教育国际化，我们要淡化“特色”“前卫”等等功利性的目的，先求稳，后求实，再求好。对于选择国际课程或即将选择国际课程的学生和家长，建议先要更多考察落实学校的课程实际（课程种类、师资配备等等），后再画毕业后升入世界牛校的美好蓝图。学生和家长对国际课程的选择的多元化，会从另一个角度促进学校国际课程的成熟。

一件小事

飞往香港的班机按时起飞，座位后排俩男孩，小学三四年级，虎头虎脑的，样子乍一看蛮可爱的。活泼好动，小孩的本性，在应试教育还没有把他们驯化成作业考试机器的时候，我们的孩子都这样可人。动，长久的动，旅途全过程都在动：系上安全带又解开安全带，打开阅读灯又关闭阅读灯，坐下了又起立，起立了又坐下；说，大声地说，旅途全过程都在说，说了自己的穿戴再说自己的零食，说了自己的 iPhone 再说自己的 iPad……空姐来来回回地为他们微笑服务，她们的脸上笑得很可怜。

还没到全体用餐的时间，我们预订的是低脂餐，所以“先到”了。看到我们简易桌板上的午餐，俩孩子动得更厉害了，由起初的惊讶注视，到对过道前后的审视，再到对我的不屑的鄙视乃至仇视……

离开家乡，带孩子去香港去澳门，去新马泰，去日本韩国，去英国美国澳大利亚加拿大，为了什么？答曰：拓展孩子的视野，感受西方文明。拓展孩子的视野，感受西方文明又是为了什么？答曰：提升孩子的素质，培养孩子的人文精神。一句话，让孩子成为人上人。

无论是东方文明还是西方文明，无论是爱斯基摩人还是盎格鲁斯人，人类追求进化、追求发展之心相同。基础教育，各国特点不同途径各异，但对孩子的发展要求基本相通。让孩子动静结合、刚柔相济，这是孩子教育的基本要求。家长是教育者，家长角色的教育功能，东西方父母都拥有。

作者在美国斯坦福大学

两位家长，不管不顾，

打瞌睡。近四十的女人，似乎不缺颜值也不缺钱，但缺睡眠。

不是说“外国人的孩子跌倒了自己爬起来”吗？不是说“国外的父母不管孩子”吗？不是说“让孩子自己发展”吗？好，不管，你闹你的，我睡我的。索性把薄毯盖上头，索性把耳机带上……是啊，这有啥，只要我的孩子能到香港迪斯尼玩，只要我的孩子能见识名牌，只要我的孩子能看到各色人种各异风景，“人上人”的期盼一定越来越真实。这样，迷迷糊糊瞌睡着，身边的世界越来越不真实，孩子的吵闹声渐渐远去，美梦一定越来越美、越来越真切……

于是，孩子变得越来越大胆，越来越无所顾忌……

于是，孩子就觉得外面的世界很精彩很自由……

于是，孩子们坚定了一个信念：成长，就是自由，就是好玩，就是放任，就是想干啥就干啥。

是啊，为什么一定要右手拿刀左手拿叉？为什么打喷嚏一定要转过身去？为什么上车一定要从后排坐起？为什么一定要排队上厕所？为什么一定要把食物吃干净……当孩子长大……当孩子有了自己的孩子……

终于听到飞机下降的广播，终于等到空姐的最后一轮飞机着陆前的安全检查，终于有了片刻的宁静。广播里，一遍英文，一遍粤语，让我们意识到，飞行是规范的，这世界是有规则的……

如果不改变，情况会更糟

中央电视台记者柴静采访 BBC 现任总裁马克·汤普森，汤普森说了这么一段话：“如果不改变，情况会更糟。拿电视来说，观众有上百种选择，如果你不能抓住观众的心，最终你就会与他们无关，你会退出这个行业。所以我们需要保持技术更新，并且不断思索自己的真正价值所在。如果你不断面临挑战，找到新方法，未来你与观众的关系，就会与过去一样坚实。如果你不这么做，你就不配成功。”

新闻界的事懂得不多，但汤普森很通俗的一句“如果不改变，情况会更糟”

让我们思考良久，我们在孩子教育教学的问题上，这句话，照样很管用。

在孩子的教育问题上，我们家长不可避免地都会有一种侥幸心理。孩子这次考砸了，下次或许会成功；孩子中考失败了，高考或许会成功；孩子高考失败了，出国留学或许会成功；找工作，孩子面试失败了，下次或许会成功；找对象，孩子这次失败了，下次或许就成功了……人都生活在一种希望和等待中，东方人是这样，西方人也是这样，天下人都这样。自从普罗米修斯把盲目的希望放进人的心灵，人们就一代代地活下来了，这无可厚非。但问题是，我们明知道“没有过程的改变就不会有结果的改变”，却总是懒得在孩子教育教学出现问题的时候去研究问题提出解决问题的办法且真正实施新的行动计划。我们的潜意识里总有一种侥幸心理，总是希望孩子的成长中会出现非常规的契机和非常规的幸运，因为我们总是认为自己的孩子是最优秀的，即使孩子在考试和竞争中多次失败并已经被证明落后于别人家的孩子，我们还是认为自己的孩子不差于别人家的孩子。

对孩子有信心，这是孩子成长中的必需，但仅有这样的信心是不够的，还得辅之改变的行动。已经发现了孩子的问题，已经证明孩子在某些方面不行，我们必须制定改变的行动计划，否则，孩子的情况会更糟。

有时，我们实施了一些改变的行动计划，但我们的效果不明显，原因很复杂，但其中一个原因就是，我们常常挑容易的事去做，而怕做难事，因而孩子的改变不明显。难事当然难，但“难”才有价值。其实有些很有价值却很难的事是完全可以通过我们的努力做成的，但我们常常面对困难而放弃了。我们家长畏难，孩子当然更畏难；我们家长认为不行，孩子当然也就觉得不行。从这个角度看，在孩子的教育问题上，懒孩子的背后其实是懒家长。

张先生是我们的朋友，一直不看好国内的教育，不看好国内的基础教育，更不看好国内的高等教育，所以积极主张让孩子出国留学。当有人询问他社会上为什么有那么多人反对孩子留学的时候，张先生打了一组比方，他说这好比我们坐车，有三种人说坐车不好：第一种人坐上的车实在太破太烂，真的不如行走来得爽快；第二种人因为自己挤上了车却不想更多的人上这辆车而共享资源；第三种人骑了十年二十年的自行车，就说乘车不好，而且容易晕车。

很佩服张先生的睿智，他的“第三种人”，其实就是“挑容易的事做”的人

（说是保守之人也行，因为保守的人骨子里就是懒人）。骑了一辈子的自行车了，骑车当然是容易事，如何上车，如何蹬踏，如何转弯，这一辈子的骑车经验当然会让我们觉得非常非常容易了。乘车多麻烦，要等，要买票，要注意车上规矩，要注意下站提示，还得防扒手……但是这世界的现实却是——拥挤的夏日马路上，有人坐在车内开着空调，放着音乐；有人蹬着自行车，戴着帽子，裹着毛巾，套着袖套，汗流满面……

在孩子的成长问题上，求稳、求易、求从众，都不应该是我们家长和老师的态度。孩子的发展良好，我们得未雨绸缪，用汤普森的话来说就是“不断面临挑战，找到新方法”。

第五章　还原留学真相，跟进留学动态

留学，林林总总的想法

家长的角度有：

1. 不想让孩子走高考的“独木桥”，孩子花同样的力气，准备高考，可能在国内只能上一般本科，但参加洋高考就有可能挤入前两百名的世界名校，何乐而不为？

2. 孩子的成长一直在父母羽翼的保护下，依赖性强、独立性差。留学，培养孩子独立和吃苦的精神。

3. 让孩子接受世界上最好的高等教育，感受多文化多种族的交流，获得更好的发展空间。许多高智家庭持“留学是更高效的教育投资”的观点。

4. 家长积累了一些财富，接着就得为以后移民做准备。

5. 留学型移民的吸引力在于，它同时也是一种获得文化资本的过程，而这种文化资本，对于留学生未来获得经济资本和社会资本，是一种有效的途径（尤其是那些打算回国者），它同时也可能向移民的身份转化。

孩子的角度有：

1. 我是被留学，没辙，听父母的。我的成长都是父母在做主，反正留学的人越来越多，我也不会“过不去”。

2. 国内的学业竞争太烈，到国外去看看，据说国外的学习轻松，到了国外再说，或许会有更多发展的机会。

3. 我了解一些国外的情况，我很向往外国的生活和文化。国外没有那么残酷的应试教育，有许多“玩”的时机。

4. 我知道最好的大学不在中国，我想争取更好的学习机会使自己更加独立。留学，无形中让自己的社会地位提升，会被周围人“高看一眼”。

5. 我是佼佼者，我必须有更远大的前程，我要读世界上最好的大学，享受国际上最优秀的教育资源。我也有能力实现这愿望，因为我的同学（或学姐学哥）已经作出了示范。

社会上的各种评价有：

1. 留学是开放社会的一个重要标志。教育发展的多元化、国际化和信息化，让中国的教育更开放。社会的发展，文化和思想的沟通和理解，为留学奠定了基础。留学事业的发展，是一种必然。

2. 着眼于未来，中国的教育要为国家培养国际化人才，留学是一种必需。

3. 留学低龄化现象可谓愈演愈烈，这让人们很担忧。留学国外的许多孩子的学习生活现状不佳，留学中介问题多多，这表明：留学必须理性。

4. 许多留学是因为国内高考失利，把留学当退路。这种带有很大盲目性的留学，不可取。留学需要长远的设计和规划，不能人云亦云。留学地点可以多元化，留学目的地可以也应该向发展中国家转移。

5. “学而不归”造成中国经济人才的流失，但“学而不归”为中国储备了广泛的国际关系资源，国家应该拓宽留学生回国工作途径，鼓励留学生多种形式为国服务。

“不是所有的孩子都适合留学”的说法不妥

网上有云：“昨天，宁波外国语学校的官网上挂出了这样一则信息：闻雯，初一至高一在学校就读，高二到英国学习，目前已经收到牛津大学数学专业录取通知书……和闻雯相比，学生小李的出国显得有些仓促……现在两年过去了，小李反而给父母惹了不少麻烦……儿子的留学经历，让李妈妈彻底顿悟：并非所有学生都适合出国。”

“并非所有学生都适合出国”，李妈妈这么认为，相关老师也这么默认，以中介口吻的报道者也这么强调。乍一看很有道理，一深究，发现此论调很有问题。

就像孩子入学一样，到了上学的年龄，家长就要考虑孩子上学的事。我们或许会考虑孩子该今年上学呢还是该明年上学的问题（因为孩子的个体条件是不一样的），我们讨论的是孩子上学条件的充足与否，不会担心别人家的孩子适宜上学而我家的孩子不适宜上学。所以，“可不可以上学”与“适合不适合上学”是两码事。

购房，有钱人可以购房，草根阶层也可以购房，你能说有钱人“适合”购房，草根阶层“不适合”购房？只是有钱人有购房的条件，而草根阶层可能还没有达到购房条件而已。说得再极端一点，吃饭，有钱人可以吃饭，贫困者也可以吃饭，我们不能因为乞丐现在没饭吃就说他“不适合”吃饭。

留学是一种“普惠”，不是谁适合谁不适合的问题。

留学成功的学生，难道他们就是天生“适合留学”的吗？留学不成功的学生，难道他们就是天生“不适合留学”的吗？我们在《你的孩子该不该留学》一文中比较详细地论述过孩子的留学条件，但我们从来都不觉得孩子的留学条件是天生的、命里注定的。分析每一例成功留学的案例，可以看到留学成功背后的孩子、家长、老师的辛勤努力，这种留学前的努力让留学条件从量变到质变。留学成功的学生和家长，他们能说出成功的许多理由，因为他们对留学问题了解不少，选择很理性；留学不成功的学生和家长，通常情况下是说不出“失败”的真实原因的，等到孩子失败回家，还是不知道真正的原因在哪里。许多孩子和家长在留学的问题上有一个通病，那就是都没有真正了解留学。因为没有找到真正的原因，以一句“我的孩子不适合留学”为借口，把自己的主观责任改成了客观责任；面对别人的成功，以一句别人的孩子“适合留学”为借口，把别人的主观努力改成了客观的天生条件，从而间接地推卸了自己失败的责任。

至于其他人，出于“留学需要理性”的考虑，尽可能规劝那些留学条件还不成熟的学生不要“头脑发热”，其良苦用心是应该肯定的，但不能区分“可以不可以”和“适宜不适宜”，不能客观分析留学成败的真实原因而草率地跟说一句“不是所有的孩子都适合留学”，这，也是一种不负责任的表现。我们反对不理性的草率的留学行动，我们可以而且应该规劝那些没有做好留学准备的孩子暂时放弃留学的机会，但我们没有权利规劝那些孩子放弃他们留学的权利。

作者在美国加州理工学院

当然，我们没有权利规劝那些还没有留学条件的孩子放弃他们留学的权利，并非就要动员每个学生都出国留学，或者尽可能出国留学。我们不能总是习惯于从一个极端走向另一个极端的“非此即彼”式的思维。留学的学生比起不留学的学生来毕竟还是少数，我们也没必要去促成更多的学生出国留学。留学市场的大小和留学人数的增减，也不是如此这般的人为可以促成的。我们强调留学“适合”说的不妥当，旨在强化我们必须弄清楚有些孩子留学失败的真实原因，给后来者以借鉴，不能机械地贴上一张“不适合留学”的封条而放弃了留学失败的真正原因的追问。

没错，每个孩子都有自己的特点，在留学问题上，不同的孩子条件是不同的。但是，除了既成的家庭条件外，孩子的自身条件通常都是后天创造的。我们之所以主张孩子的成长需要设计，孩子的留学要早作计划，就是着眼于孩子成长条件或留学条件的努力生成，着眼于若干年后，当机会来临，我们的孩子能在被选择时提供独特的别人没有的优越的条件。

所以，留学不是“合适不合适”的问题，而是“准备好了”与“还没有准备好”的问题。留学的成功，与其他成功一样，只有真实的付出才有成功的回报。

我们理解的国际牛校择生标准

概括国际上名校的择生标准，笔者归纳为四个方面：高尚之心、领袖意识、思维品质和创新精神。

高尚之心要求孩子成为一个好人，这是中西方教育的共同要求。我们要求孩子成为一个正直的人，西方人也这样要求；我们要求孩子同情弱小，西方人要求孩子有慈善之心，而且要求更高更具体。有许多名校看好申请者公益活动经历和志愿者活动经历，就是出于孩子是不是一个高尚的人的考虑。当然，公益活动、志愿者活动仅仅是表现孩子高尚品德的一个方面。我们不能仅仅停留在这一点上，凡是能表现孩子慈善高尚之心的事迹，哪怕很小很平凡，也会感动别人，吸引招生官的眼球。杭二中的鲁林希把自己暑假回景宁老家每天陪太婆聊天以解老人寂寞的事迹写进 PS，就是生动的一例。

领袖意识（或说领袖品格），考察的是孩子有没有担当、能不能担当。当组长、当班长、当社团头目、当学生会主席，这些都是领袖品格的外壳，实质上就是“有担当、能担当”的品质。在一个群体里，孩子是个头目，他一定是一个有担当的人。他会组织、能策划、会部署、能实施，而且能一呼百应，他就是一个能担当的人。时代的发展需要有人担当，中国是这样，世界也是这样。从这一点出发，能培养孩子能担当的领袖品格的家长才是好家长。

思维品质是衡量一个人聪敏与否的关键。南京外国语学校高三（3）班男生刘天宇因为魔方玩得好，轻松获得哈佛面试官的青睐。为什么？就是因为哈佛招生官在刘天宇超熟练的玩魔方里看到了他的思维高品质。名校录取学生的面试，面试官提出的问题并不重要，重要的是孩子回答问题中表现出来的思维品质。人与人不同就是思想的不同，思维品质的不同，思维方式的不同，所以我们得在孩子现代人的现代思维上下工夫。“究根思维”“辩证思维”“逆向思维”“保底思维”“非线性思维”“反定势思维”等等，网上不断产生的这些思维称谓，标志着人类思维的改变和思想的进步。我们要让孩子成为现代人，就得让孩子拥有现代思维。

“创新精神”一词，我们耳熟能详，创新的重要和必要，无须笔者在这里赘述。

按以上四个方面去要求孩子，按以上四个方面去“包装”孩子，我们家长就有了许多事情可做，前提是我们真的想做，而且是真做。

随着社会的发展、时代的进步、家长学历和能力的提升，（从教育的角度看）社会进入了新家长时代。新家长时代，我们得用新的“脑袋”。孩子已经不是十年、二十年之前坐姿端正、唯老师之命是从的孩子了，我们家长也不是十年、二十年之前会把孩子的全部都托付给学校和老师的家长了。越来越多的家长介入孩子的教育问题，越来越多的家长凭借自己的能力在孩子教育和成长的问题上发出与学校教育不一样的“声音”。这很正常，这是好事。但是，大多数家长在孩子教育和成长的问题上懂的没有比老师多，因此我们没有理由因为学校和老师的教育没有与我们家长相一致就不把学校和老师当回事。学校和老师会犯错，有时错误还不少，这是事实。但我们得明白，我们做家长的，在孩子教育的问题上犯的错误可能比学校和老师更多，我们敏锐地感觉到某些教育问题的存在但同样也还是拿不出解决问题的办法。

留学，找中介还是寻顾问

出国留学，我们通常会有两种途径选择——找留学中介或聘留学顾问。这里说的留学中介，指的是只要你出钱就提供你从择校到申请到入学的一条龙服务的机构。这里说的留学顾问，指的是给孩子和家长在自己择校、申请、入学的过程中提供咨询和指导的留学专家。

客观审视留学市场，通过留学中介的还是占大多数，特别是日本和韩国的留学申请，70%都是由中介机构办理成行的。留学中介的服务体系经过十几年的发展，已经变得很全面很成熟。看看各大城市的广告牌，我们就能感知留学中介这一新兴行业发展之迅速。有些强大的中介机构，跨市跨省设置机构不说，还在重要的留学国设置办事机构。同时，中介也重视行业中人才的培养，甚至高薪聘请留学问题的专家以扩大业绩。对学生进行“售后服务”，“接机和安排住宿”，留学后向家长进行“月反馈”，都是中介事业发展过程中的新招术。所以，留学中介已经不是五年十年前以“只要送出国”为目标的中介了。

尽管如此，留学中介在追求孩子出国留学申请成功的同时一定追求利润。为了做成每一单生意，提高生意的成功率，降低每一单生意的风险，中介公司总把“求稳”放在首位，只有“稳”才能“成”，才能达到利润的最大值。所以，凭A同学的条件能进世界50名学校的，中介一般把A同学择校定位在50－55名的学校。因此，有一句话常说：“申请成功”不等于“成功申请”，倘若A同学能进50名的学校而进了45－49名的学校，那才是我们所说的“成功申请”。

我们认为，留学一定得自己做，有条件的，聘请专家做顾问，既锻炼了孩子的能力，又能使留学申请朝着“成功申请”的方向良性发展。聘请顾问，有以下四大优势：

其一，择校定位会适当高一些。留学顾问的职责是提供必要的咨询和指导，所以在指导择校的过程中更多考虑让孩子“跳一跳摘到苹果”。留学顾问不以“申请成功”为目标，而以“成功申请”为己任。倘若说中介偏重于“职业”，那么顾问更偏重于“事业”。顾问的良好口碑是一个个“成功申请”的案例积淀起来的。留学顾问不断追求“下一个”的“成功”，在孩子留学问题上，他们常常是以孩子的留学问题的监护和老师长辈的身份出现，不是孩子留学的“第三方”。

其二，聘请留学顾问，家长和孩子追求的是留学咨询和指导的深度。面对留学生群体，留学中介很难做到“量体裁衣”“量身定制”，特别是高考后，那些高考成绩不理想的孩子是成群结队进入中介的程序的，“批量生产”在所难免。留学顾问呢，一对一，不“上大课”。中介在处理孩子申请的问题上，常常是流水作业。顾问就不同了，他（她）负责孩子的全过程。更重要的是，这些留学专家担当的顾问，不仅掌握丰富的留学申请的知识和技能，而且对留学问题有理性的深刻的理解，他们常常把孩子的留学问题放到孩子整体的成长设计中考虑。他们知其然且知其所以然。其实，那些留学申请中的基本知识和操作技能，只要用心，家长和孩子都能够在网上学到，但那些留学及操作的原理，只有经历过的人，只有在这一领域反复思考的人才能有深刻的体悟。顾问身上“隐性”的价值，是那些急功近利者很难感觉到的。

其三，随着留学日趋理性，越来越多的孩子和家长追求留学质量，越来越多的优秀学生和高智家庭加入留学的行列。越来越多的孩子和家长掌握了留学的基本常识。那些孩子和家长，盯住的是世界名校，他们有些“非常青藤不上”，有些“必须进入前100名”。中介，不可能专为这些“高端”孩子和家长服务，对“规模”的追求，决定了中介必须立足于留学的大多数。因此，高端的留学咨询和指导，非留学顾问莫属。事实表明，中介的“高端”业绩通常不佳，“高端”孩子和家长一般也不找中介。

其四，聘请留学顾问更经济实惠。中介铺天盖地的广告费用从何而来？回答是：羊毛不会出在兔身上。公司的规模越大，排场越大，成本就越高。中介在生意的价格上“没商量”“一口价”，甭管满意不满意，甭管成功程度如何，签约，白纸黑字。

留学顾问，是掌握留学方向的人。

留学那些事

英国院校平均学费（1998－1999年度）文科（包含商业、会计及法律课程）5200－8000英镑；理科7000－10000英镑；医学13000－16000英镑。生活费（含住宿费、伙食费及交通费）：伦敦每月500－550英镑；牛津剑桥每月500英镑左右；英格兰的其他地域每月400－450英镑；苏格兰每月300－350英镑。以上所列学费及生涯费折合成人民币，平均每年约为13－15万元。

住宿费：与澳人家庭同住澳元（1澳元约合人民币5元）150－200/周；寄宿学校澳元8000－9500/年；租住或分租澳元70－150/周；学生接待所澳元80－120/周；食物每周开支为50－70澳元。

学费一年由7000－12000澳元不等，不包含其他杂费。医疗保险费为一年274澳元。一般一名学生一年生活开支为9000－11000澳元。

新西兰成为最近留学的热门。大学本科一年学费分别为：文科 9950 – 14850 新西兰元，工程 16000 – 17500 元，理科 14000 – 16000 元。生活费一年大致需要 7000 – 11000 新西兰元，包含食宿行等。

德国学费一年大约 1 万马克（约合 5 万元人民币），此外还需再交一笔医疗保险费及学生会会费。日本学费一年约 100 万日元（合 7 万元人民币），生活费每月 10 万日元（合 7000 元人民币），一年综合开支在 14 万元人民币左右。美国大学一年学费都在 2 万美元以上，加上生活费，一年开销少说也得 3 万美元。

综上所述，要想出国留学，一年开支约在十几万元人民币，四年将是一笔不小的数目。除经济开支外，诸如日本等国，中国留学生还需在所在国寻找一个经济担保人，这一因素也不可疏忽。

美国四年制大学的秋季入学申请有四种类型：

第一类叫 ED（early decision）。该类申请只能填报一所大学，倘若录取，就一定要去。有少部分学校还有 ED2，申请截止日期会稍微晚一些。第二类是 EA（early action），分两种情况。一种只能申请一所大学，另一种可以申请多所大学。EA 申请录取了，可以不去。ED 和 EA 都属于提前申请，提前申请的截止时间一般是 11 月 1 日，有的是 11 月 15 日，提前申请发榜的时间一般是 12 月 15 日前后。第三类叫 RD（regular decison），就是普通的常规申请，申请可以填报多个学校，申请截止日期一般是在 1 月或 2 月。第四类叫 RO（rolling），就是没有固定的截止日期，滚动录取。美国有许多大学采用这种录取的政策招收本科新生，但诸如常青藤的名校一般都不采用这种招生政策。

申请时间的掌握，只要申请人仔细了解，不是问题。美国大学的录取标准的把握，那才是“技术活”。

美国牛校录取有四个主要指标：（1）在校期间的学习成绩；（2）标准化考试（托福、雅思、SAT 等）成绩；（3）申请人的社会活动的经历、成绩或成果；（4）申请人的申请论文的质量。在校期间的学习成绩要真实，许多通过中介走的申请，存在成绩拔高或造假现象，这已引起美国学校的高度关注。托福、雅思、SAT 成绩，随着报考美国的牛校人数的猛增，要求也越来越高。托福不过 100 分，或雅思不达 7.5，SAT 成绩没在 2000 分之上，要想进入名校很难（留学中介宣传不会这么说，因为他们把名校泛化了）。至于社会活动，不应该是为了投其所好的应付或作秀，应该是为了提高学生的总体素质而进行的长期、持续的活动，或者是由衷喜欢热爱的活动。这些活动应该是自然的而不是人工的，长期的而不是投机的学生真爱的活动。

申请文章的质量，这个问题就更有“技术”含量了。美国大学一般都使用“通用申请表”，那些牛校也不例外。申请命题几乎年年不变而且全世界公开。常态的申请论文的题目有如下几个：

“陈述你自己的一次重要经历（或取得的成就、经历过的冒险等），阐述它对你的人生（或你对世界的看法）的影响。”“讨论某一被关注的话题，表达这一问题对你的重要性。”“描写一位人物，述说他（或她）对你的重大影响。”“提出一个角色或历史人物，或提出一个作品，述说对你的影响。”这些题目，比起国内高考中的作文命题来普通平凡得多了，但就是这些题目，难住了许多国内的优秀的好学生。有思想、有个性又善于语言表达的学生，常常在这些小论文的写作中出彩获“利”。

高燕定先生在他的著作里归纳了美国大学录取评价的计算公式：总得分 = 就读的高中（0 ~ 4 分）+ 课程难度（0 ~ 21 分）+ 年级排名（0 ~ 3 分）+ 平均成绩（0 ~ 16 分）+ SAT 成绩（6 ~ 25 分）+ 国家荣誉学者奖（0 ~ 3 分）+ 申请论文（ -3 ~ 5 分）+ 推荐信（ -2 ~ 4 分）+ 课外活动（ -5 ~ 30 分）+ 种族多元化（ -3 ~ 5 分）+ 体育活动（8 ~ 40 分）+ 巨额捐款者（40 分）+ 父母校友背景（3 ~ 8 分）+ 家住远处（3 分）+ 教练推荐（5 ~ 10 分）+“超级”特殊（3 ~ 5 分）。

我们可以参考这个公式打分，对申请作一客观地评估。申请美国的顶尖牛校必须接近 100 分，前 20 - 30 名名校必须在 95 分以上吧。我们也可以按照这个公式，对我们熟悉的前一年录取的某一牛校某一学生作一评估，从而定出该校录取的评估分标准，作为自己的参照。给自己的申请评分，各类指标一般是不会遗漏的，但权重会很难把握，难就难在这里。我们可以请专家帮我们一起评价。若有几位专家在互不沟通的情况下给出分数，我们来一个平均，评价可能会更接近真实。

出国读研不难——与在读大学生们说

关于国外读研，以下五个方面需要重视：

第一，我们首先要弄清楚为什么要出国读研。回答是：为了学业。持除此之外的理由者，都属留学动机不纯。学业，学习的业绩，一分为二，就是专业水平和成长水平，这无须解释。留学读研，为的是提升自己，充实自己，发展自己。为了找更好的工作，为了赚更多的钱，为了父母，为了爱情，等等诸如此类的目标，我们虽然不能也无法统统清除，但至少不可以把这些至多只能作为附属目标的目标当作目标的主体。另外，比起高中在读的学生来，大学生的能力当然更强，外语水平当然更高，待人接物处事当然更成熟更老练，所以，在出国留学申请读研的问题上，应该更自主更自立。高中学生出国留学走中介还能容忍，大学生出国读研也走中介就不能容忍。走中介，显然是一种能力缺乏或懒惰的表现。

第二，我们要确定出国攻读什么专业的硕士学位，并且择定参加哪一种研究生入学考试。我们知道，外国学生不论学什么专业都要考 TOEFL（一般是 80 分以上才有申请资格）。申请赴美国读硕士，要提供申请人的研究生入学考试成绩（不同的学院对研究生入学考试的成绩要求也不同）。目前，我们中国学生有两种考试可以选择：GRE 或 GMAT。一般说来，准备读商学院的，要求考 GMAT；读文理学院和工学院的，考 GRE。金融工程专业，有些大学是设立在商学院里的，那么研究生入学考试就选择 GMAT。有些大学把金融工程专业设立在数学系或工学院里，那么，研究生入学考试就要选择考 GRE。当然，也有学校考 GRE 和 GMAT 都行的。所以，专业定位是第一步，确定了专业，也就确定了研究生入学的考试类型。

第三，力求在大四之前考完 TOEFL、GRE 或 GMAT。

秋季入学的硕士研究生，申请工作应该在前一年的 9 月就开始了，直至第二年春节前后。申请必须提供 TOEFL 和 GRE 或 GMAT 成绩（考试机构将分数直接送到所申请的学校），没有语言成绩，学校不理你的申请。如果没有成绩，申请人也无法对学校的选择作出定位。大学一般在 1－2 月期间停止接受申请。所以，大四前倘若还没把考试问题解决，申请就会很被动。大学期间，GRE 和 GMAT 考试尽可能提前一些，能在大一、大二考完更为理想。TOEFL 考试安排在大三最佳（GRE 和 GMAT 的成绩 5 年有效，TOEFL 成绩两年有效）。有些申请人到了大三第二学期才临时抱佛脚，甚至大四了才开始这些考试，那肯定是没有作周全的计划，或者说出国留学是“心血来潮”而未作深思熟虑的规划。

第四，重视在读的专业课程，努力使大学 GPA 成绩达到 80 分以上（相当于美国标准 3.0 以上）。大学 GPA 成绩达到 80 分以上，指的是大学四年平均成绩。有些学生不重视大学的学业成绩，抱定出国留学的目标，把精力投在外语能力的提升上。出国留学，外语很重要、特重要、极重要，但 GPA 成绩仍然是一张“门票”，没有它，再有外语的能耐也没用。GPA 平均分不足 80 分（相当于美国标准 3.0），即使 TOEFL 和 GRE/GMAT 考试成绩还都不错，申请中也是缺乏竞争力的。通常情况下，美国大学不录取最低分数线是 3.0 的研究生。因此达不到 3.0，申请没有优势，成功率很低。所以，我们必须把 GPA 当回事。另外，国内大学有各类证书可以在研究生入学申请中“加分”，有相关专业领域获得某种证书的机会的在读大学生，不要轻易放弃这些机会。在努力提升 GPA 成绩的同时，还得弄清楚自己申请的专业是否有本科课程背景的要求。有很多美国大学完全不考虑录取没有本科专业背景的学生。与国内不同，美国的研究生录取，很看重将读专业与已读专业（或在读专业）的专业联系的。研究生的将读专业若与已读专业完全没有课程联系，或者完全不相关，录取就有很大困难。

第五，尽可能多地了解申请学校、专业和申请程序。DIY 学生要安排充分的时间和精力去了解美国各个大学的录取标准、专业优劣、申请程序和申请材料要求。经历完研究生申请的学生，一定就是在研究生申请方面的专家，倘若你还没成这方面的专家，那你的申请一定“还没到位”。申请工作，一定要设置 LIST，从推荐人的选定到 PS 的写作，从提交的途径和方式的确定到提交期限的倒计时，申请人可以在别人成功经验的研习里确定自己的申请计划。申请中最“心烦”的事，却常常是容易事，只要有足够的耐心，对在读大学生来说，自然不在话下。

艺术生留学问题简说

作者一家在美国康奈尔大学

在美国，类似我们北电、中戏的以培养影视、戏剧表演人才的有名院校很少，美国学生艺术类专业的热情，远没中国这么高。美国公布的大学专业排名中表演专业位进入前十的仅有美国电影学院（AFI）一家，而这所名校却并不招收本科生。但是美国大多数的大学都有与表演有关的专业，综合性大学的戏剧或艺术学院都很不错，但无论在招生还是课程设置上都与我们国内的情况有很大的区别。所以，有意留学美国发展自己艺术特长的留学生，必须详细了解美国的高校在艺术教育上的实际，科学合理地作出自己的选择。

在这里提出以下几点，供参考。

第一，美国招考艺术生，考试题目差不多，但很看重古代戏剧。除了一份出色的简历和几封推荐信这些入学申请的必要条件之外，美国大学也对申请就读表演专业的学生进行面试。纽约电影学院、美国斯坦福大学戏剧学院、纽约大学戏剧学院等，在面试中很强调考生对古代戏剧的认知和表现，面试题目均要求考生对古代戏剧有所认知，莎士比亚几乎必考。面试时一般会要求学生现场演绎若干段戏剧片段，其中必须有一段“古装戏”，而且有些明确要求是莎士比亚戏剧。莎士比亚戏剧是西方戏剧的基础，美国的高中生在高中阶段就会有莎士比亚戏剧的课程。这种对历史经典的认知和表现的能力，往往是我们国内学生所欠缺的。

第二，美国招考艺术生，艺术背景要求高，平时成绩必须好。这一点对我们国内的考生又是一个挑战，因为国内对艺术考生的学习成绩是放宽要求的。美国好莱坞世界闻名，每所大学的进入门槛高低不一，但表演专业对学生的艺术背景普遍要求很高。比如纽约电影学院就明确要求：必须具备一定的表演经验，在申请材料中最好附上曾经演出过的角色的视频片段。比如加州大学电影艺术学院、美国加州大学洛杉矶分校影视学院要求申请的学生必须具有2－3封艺术界人士的推荐信。艺术专业设置于大学的学院内，艺术生必须首先符合大学或学院的学业成绩的基本要求，因此对学生的文化课在校成绩以及高考成绩审核比较严格。以斯坦福大学为例，要学表演，就必须同时通过斯坦福大学的普通招生考试。我们知道作为世界名校的斯坦福大学，要求学生高中在校成绩的平均分在3.5分左右（满分4分），这是一个很高的要求。

第三，专业课程重实用，分类精细，学时久长。美国表演专业的课程和教学内容比国内复杂得多。以耶鲁大学为例，耶鲁大学戏剧学院的表演专业，全美数一数二，它只招硕士，三年制，所学课程数量为16门，比较我们的上戏两年14门课程，看似相差并不多，但两者的专业课内容相去甚远。上戏的表演专业硕士课程中有7门是理论研究，而耶鲁只有1门理论研究课程。由此可见，美国的艺术理论工作者数量不像我们那样多，美国人以为艺术就是艺术，艺术就得表现出来，搞艺术的人一定是具体的歌者、舞者、演者，不应该有太多的理论者、评论家和思想家。

第四，美国学生对影视类专业的热情并不太高。美国参加艺考的学生不算多，不像我们那样队伍浩浩荡荡，因为影视类专业毕业生工作不稳定，把美国的导演、演员、制作人加在一起，大约是15万人，相对于金融、经济、工程类专业就少得多。美国大学影视类专业的招生人数少，表演专业一般都在30人左右。西北大学的影视类入学申请成功率大约在30%，比起其他专业来，成功率就显得高了。一般学校的申请成功率在50%－71%之间，因为报考的人数少。这有利于我们国内的考生留学申请。

由美国的“野鸡大学”想到的

网上有《美曝“野鸡大学”院长自杀，与19所中国高校有合作》的消息，说的是美国狄克森州立大学，该校共与我国19所高校有合作交流，其中涉及川渝两地的学校共4所，分别是四川大学、四川师范大学、四川外语学院以及成都信息工程学院……四川外语学院网站上，可以查到“四川外语学院—狄克森州立大学‘中美双学位计划’项目”的介绍。

大家知道，留学美国的海归毕业生，回国后找工作前的第一件事就是由国家有关部门验明毕业文凭的“真身”，诸如上述野鸡大学的文凭，估计是很难取得合法的毕业生身份的了。《世界日报》报道过美国一些“野鸡大学”前几年就大摇大摆地进军中国的消息，并表明，中国已经成为“野鸡大学”名副其实的重灾区。

“野鸡大学”，也叫“文凭工厂”（Diploma mill），指虽然是合法，但不被社会认可的学校。花钱买文凭，而文凭不被用人单位认可。“野鸡大学”是美国“教育民主化”的产物，坚持教育民主化的前卫人士主张获取知识是每一个人的权利，大学应该向社会每一个人开放。于是从19世纪开始，许多从事公益事业或慈善事业的有钱人，开始为教育捐钱。规模小的从事高等教育的学校大多进行职业训练，形成了所谓的“野鸡大学”。

美国的“野鸡大学”是一直存在的，它是美国大学发展过程中的一种“合理存在”。中国的大学搞国际教育合作，无可厚非；中国的孩子出国留学，无可厚非，但我们完全可以凭借自己的认真仔细，避开“野鸡大学”。在这里，我想说两点：

一是认真了解美国的大学。全世界的大学每年都有排名，特别是那些前一百名的学校，从HYP（哈佛、耶鲁、普林斯顿）到英国的利兹、美国的赖斯，赫赫有名，正规正式。我们只要下点工夫，进入它们的网站，就能了解它们的历史和现状。美国有四千多所大学，我们可以进入他们的网站了解。美国高校的网站内容很丰富，一般说来，你想了解的它都有，即使你想要一张学校的地图（不是简略图)，你也完全可以下载印刷，效果与市上出售的毫无二致。我们可以掌握鉴别国外野鸡大学的两个最直接的方法：了解大学的创立时间（成立超过70年的大学通常不会有什么问题）和落实是否由联邦（或州）批准。

二是尽可能不走中介渠道。国际教育合作是大事，要验明中介的“真身”。留学，手续不复杂，准留学生完全有能力而且也应该自己处理留学事务。在国际合作和留学的问题上，切忌人云亦云。一传二，二传三，至四，至五，若一假，二三四五当然也假。骗局中常有这样的状况，围绕着骗子的其他人都是有头有面的真人物，唯独骗子是假的，我们就是因为相信了骗子的周围人才相信了骗子的。所以，教育合作和留学中的“传销”，最容易出问题，我们要多一些心眼予以甄别。

PTE——又一种留学生外语水平考试

PTE 考试是托福、雅思之外的又一种留学生外语水平考试。

PTE 学术英语考试（Pearson Test of English Academic 或 PTE Academic），也叫培生英语考试，是由 Pearson 开发并得到 GMAC（Graduate Management Admission Council）认可的一项国际学术英语考试。

PTE 英语考试以计算机为依托，自 2009 年 12 月在中国开考，获得包括美国、加拿大、英国等 20 多个国家高等学校认可（包括耶鲁、哈佛、加拿大 UBC、英国剑桥等名校）。全球有 2600 多所高等院校认可 PTE 考试（其中有 85% 英国院校，有 1500 多家美国学校，有 119 家 GMAC 联盟学校）。

与托福、雅思相比较，PTE 考试有以下特点：

第一，PTE 学术英语考试采用的是机考，全年开放。比起托福、雅思的报名与定考位带来的麻烦，PTE 考试就方便多了。考生只需提前 48 小时注册报名，即可报考。考生可选择以信用卡支付方式报名，也可由 PTE 学术英语考试的官方合作伙伴代理报名。考试后 5 个工作日内，考生即可收到自己的考试成绩，不像托福、雅思考后需要较长时间的等待，避免了由于成绩未出带来的留学申请的麻烦。PTE 学术英语考试在北京、上海、广州、哈尔滨、大连、济南、南京、长沙、武汉、西安、成都、厦门 12 个城市和香港、台湾设有考点，中国大陆的考试费用为 250 美元（只能以美元支付，不接受现金人民币）。

作者在美国旧金山州立大学

第二，PTE 发送成绩单，成绩单不限量，免费发送到院校。PTE 采用高可信度的全自动机器评分系统，开创全程无纸化、绿色环保考试新概念。因而，PTE 学术英语考试被美国 GMAC 推荐。

第三，PTE 考试包括听、说、读、写，所有听说读写四项技能的考核均在三小时内完成。考试分为三部分，口语与写作部分、阅读部分和听力部分。电脑自动阅卷评分，避免人为因素带来的不公正性。总分 90 分，分为 6 个分数等级，成绩两年内有效。考生在考试前要求录制 30 秒钟长度的个人陈述。个人陈述部分不计成绩，但与成绩单一起发送到考生申请的高校。考试形式如下：

考试部分	考试内容	答题时间
介绍部分	Introduction	不计时
第一部分	Speaking and Writing	77 – 93 分钟
第二部分	Reading	32 – 41 分钟
休息（可选）		10 分钟
第三部分	Listening	45 – 57 分钟

与托福、雅思一样，PTE 学术英语考试使用欧盟语言共同参考架构（CEFR）评分标准，考生可以登录 PTE 学术英语考试官方网站（www. pearsonpte. com）了解三类考试的分值对应标准。

向你介绍台湾大学

台湾大学建于1928年，前身是日据时期的台北帝国大学。1945年，改制为台湾大学。1949年，台大成为岛内投注最多社会资源的大学。2008年世界排名第124名。

台湾大学是许多莘莘学子向往的理想之地，它是台湾的最高学府，是台湾建校时间最长、占地面积最广的大学。台大美丽异常，它是自然景观与人文气息相互交融的生态旅游胜地。象征着台大开放渊博的气度和无与伦比的光荣与骄傲的椰林大道，让人感受到海阔天空的包容与旷达。作为标志性景物，椰林大道深深地留在一批批学子的心里，也留在台大人美好的梦里。气势雄伟的巴洛克风格的图书馆，静谧浪漫的醉月湖，林荫夹道、青春洋溢的舟山路，还有弥漫着浓浓热带雨林气息的傅园；春意盎然，绿意盎然，情意盎然……

1949年1月，傅斯年教授就任校长，聘任钱思亮教授为教务长。1966年，台湾大学与美国密歇根大学进行合作；1975年，与庆龄工业发展基金会合设工业研究中心。1976年，开始全面实施电子计算器注册选课作业。台湾大学与美国佛罗里达州立大学、哈佛大学医学院、法国艾克赛-马赛大学签订学术合作协定，与美国柏克莱加州大学签订博士后研究及进修合作协定。1989年，台湾大学与美国纽约州立大学石溪分校、芝加哥大学、伊利诺伊大学、康奈尔大学等校分别签订学术合作协定。

台湾大学校园面积大，校总区（台北市大安区）108.62公顷，竹北校区（新竹县竹北市）44公顷，云林校区（云林县虎尾镇）60.38公顷。台大培养了一大批人才。著名校友有连战、马英九、李敖、辜振甫、成中英、李远哲、田长霖、白先勇、周华健、苏有朋、齐豫、黄舒骏、蔡宏图、林百里等。台大的国际合作广泛，姐妹学校有中国农业大学、复旦大学、南京大学、香港中文大学、香港城市大学、香港大学、新加坡南洋理工大学、新加坡国立大学、美国哥伦比亚大学、澳大利亚澳洲国立大学等。

台湾大学为台湾唯一之综合性高等教育学府，肩负高深学术研究及教学重任，并在强调基本理论纯学术性研究与提倡学术思想自由学风之下，朝着人文学、社会科学、生物科学及物理科学四大领域的目标发展。

台大目前已有 11 个学院，以及两个专业学院，共约 54 个学系、103 个研究所，另设有 30 余个各学术领域研究中心，是台湾规模最大的综合性大学。学生总人数现在已经达到 33，000 多人，其中大学部近 18，000 人，研究生 15，000 多人，比例接近 1∶1，已经成功转型为研究型大学。台湾大学培养了许多才华出众的学术界顶尖人才，包括台湾第一位诺贝尔奖得主李远哲博士，以及多位领导人、大量的企业 CEO，是台湾最有影响力的大学。

第六章　读全读懂别人的成功

以 S 同学为例看留学生的“品质”条件

对留学前的孩子自身作条件评估，这是一件很重要的事。把那些在留学规划和申请中给过指导和帮助的孩子的情况作一归纳，我们以为评估必须抓住三个关键词展开，那就是“品质”“素质”和“潜质”。我们分写三篇短文，供那些正在为孩子的成长设计而纠结的家长参考。

品质，那是我们培养孩子的首要因素。家长和老师都非常关心孩子的品质的培养，于是我们教育孩子要做好人，要做一个有同情心的慈善的人；我们教育孩子要有正义感，不能是非混淆，口是心非；我们教育孩子要勤俭刻苦，不做纨绔子弟。在这里我们以 S 同学为例。S 同学现在美国斯坦福大学读本科，可以这么说，S 同学是我们看着长大的，他在幼儿园里的情景，我们至今还历历在目：胖乎乎的脸上总是有小丘疹什么的，因为痒，孩子常用手去抓，所以有时感染就严重。小小年纪的 S 却整天开开心心的，阳光得很。见到其他小朋友的爸爸妈妈都主动地打招呼，那声音，很响亮很动听很可人；也会长时间地陪在不高兴而哭着的同学的身边，有时眼睛里也如哭泣的同学般充满着忧伤的泪水。

我们知道，国际上的牛校很看重留学申请学生的自信和善良的品质。自信，装不出来；善良，刻在人的骨子里。它们没法用巧妙的言辞替代。我们知道，孩子的品质得从小养成，所谓“三岁看老”。但是，我们很多老师和家长却没有真正认识到（或认识不足）一个很古老的话题——老师和家长的榜样问题。

我们小时候看印度故事片《流浪者》，电影里有句“法官的儿子是法官，小偷的儿子是小偷”的话，当时觉得很是气愤，因为我们的心灵里已经输入了阶级观。现在，倘若我们去掉此话的具体的语言背景不说，仅就这句话包含的潜台词看，这句话应该是说对了、说准了。人是有 LEVEL 的，low-level 常常很难看清看懂 high-level，人只有站在高处，爬上山巅，才能一览众山小。

作者在美国加州理工学院

为什么有人说要培养一代贵族至少需要三代人的努力？那是因为上一代人的品质还没有达到可以培养和影响下一代成为贵族的程度。S 同学的家庭教育是不错的，特别是 S 同学妈妈的优良品质影响了小小年纪的 S。教育中常常有许多这样的家长，自己品位不高却要求老师把他们的孩子培养成高品位的人；生活中也有许多家长自己常犯错而且不止一次地犯同样的错误却不容孩子犯这样的错误；还有蛮多家长对自己的缺点错误可以轻易原谅，却总是对孩子的同样性质的问题抓住不放。不容、不放，都可以理解，但要根本性解决问题，关键还是改正家长自己的缺点和错误，提高家长自己的品位。别以为我们大人犯错孩子不知道没看见就没问题，别以为我们实际没做到但语言上说到了孩子就会听你的。我们只有把那句“法官的儿子是法官，小偷的儿子是小偷”牢记在心里，时刻鞭策自己，不断提高自己的道德修养、生活品位，孩子的品质的提高才有可能。

应试教育把我们教育的终极目标异化了，老师和家长虽然嘴上说着“要高尚”“要正义”“要阳光”而“不要书呆子”，但我们的眼光却总是盯着孩子的成绩排名和考试分数。老师也一样，学校总是在 9 月 10 月虚谈“素质”，4 月 5 月却实抓“考分”。国外的那些学校那些教授，在评价留学国外的中国孩子的时候，总是把对孩子的人品的评价放在首位。国内的学校和老师，在评价孩子们的时候，虽然也先说人品，但却把成绩作为重点；品德评语虽然在孩子的品德评价上洋洋洒洒，却比不上说到孩子成绩时那样言简意赅、掷地有声。

S同学的身上兼有我们中国人的优秀品质，他刻苦、勤奋、简朴，他善良、孝顺，他善解人意。这些民族的优良传统，外国的招生官不会不关注。各国文化自有各自的不同，但人类有共同的价值取向。那些被反复证明的我们的优秀文化传统和我们民族的素质，一定也是其他国家和民族所追求的。美国人也好，英国人也罢，人类的发展追求的主流是相同的。倘若在一个孩子身上能真实体现中国人的优良传统的本质，这样的留学生，无论哪国的招生官，都一定是首肯的。

有家长常说：“我的孩子骨子里是好的。”其潜台词是，我的孩子不会走向“极坏”。我们谈孩子的品质，不能说好就是“极好”，说不好就是“极坏”，真正品质有问题的孩子当然是极少数。但我们得明白，品质的区分不只是好与坏两极，这两极之间，我们可以分成无数的“刻度”。这“刻度”就形成了层级、区别、落差；这“刻度”决定了孩子成长后事业和生活的LEVEL。翁政文教授常说：“要留学，先得把孩子‘作（音同）直’（宁波方言，意为用力使之归正），否则就是浪费时间、浪费钱财、浪费感情。”是啊，一个品质不理想的孩子，事业也好生活也罢，都会打折扣的。

倘若把品质人为地分成十级，S同学当属前三。

以Y同学为例看留学生的“素质”条件

倘若我把上文中的S同学比作一块温润的玉石，那么Y同学就是一棵生长良好的树木。在她申请美国大学的过程中，我们作为指导老师，在她身上投入了很大的精力，我们觉得很值得。Y同学被加州大学洛杉矶分校录取，现又进入美国杜克大学攻读研究生，她的全面发展和良好的综合素质，给我们留下了很深刻的印象。

起先，我们没打算作为Y同学的申请指导，我们认为，一个已进入高三年级才开始策划留学行动的学生肯定是一个没有很多“积累”的临时抱佛脚的孩子，因为我们一直认为留学是一项系统工程，而且，客观地看那些高二结束或高三开始的时候才展开留学准备的孩子，大多数都是因为仓促而致使留学申请并不理想。

晚饭后，接到Y同学打来的电话，说是希望今晚能给她不多的时间让她咨询几个问题，我们答应了。

Y同学准时按下了我家的门铃，开门，问候，换鞋……短短的不到一分钟的时间，我们觉得Y同学礼貌而不客套，随意而不失认真。特别是她进门换鞋时把自己换下的鞋子放整齐这一细节，给我们印象很深刻。

人与人是不一样的，同样是新高三的学生，十八九岁的年龄，有的冒冒失失顾此失彼，有的却沉稳而自然；同样是女孩子，十六岁花季，有的木讷不善交往，有的却落落大方、很自然、很美丽。我们把这些笼统地说成是人的“气质”。我们有时也说成是人的“素质”，觉得从素质的角度看更有利于成长中孩子的教育。Y同学不是最漂亮的那种，但我相信她若化妆修饰一番肯定是一个很出彩的漂亮女孩。许多漂亮女孩，许多女明星，下妆后都很素雅，但为什么一上妆就光彩四射呢？没法全面回答此问题，但我们知道这是“素质”问题，这是长期“熏陶”后的积淀。素质，不是练钢琴、练芭蕾、练舞蹈、练书法、练朗诵、练主持，素质是练钢琴、练芭蕾、练舞蹈、练书法、练朗诵、练主持后心智技能达到的一种良好的状态；素质，不只是练钢琴、练芭蕾、练舞蹈、练书法、练朗诵、练主持却又离不开钢琴、芭蕾、舞蹈、书法、朗诵和主持。

素质，是一种只有经过训练才能习得和积淀生成的东西；素质是训练，是习得，是积淀。

怎样解释综合素质这个概念？综合素质是指人们自身所具有各种生理的、心理的和外部形态方面以及内部涵养方面比较稳定的特点的总称。它大体包括身体素质、心理素质、外在素质、文化素质、专业素质等五大块。

一个全应试教育下的孩子，他的素质里除了应试素质之外是很少有其他的素质的；一个综合素质良好的孩子，他必定是接受全面训练并得到全面发展的孩子。不想训练却要素质，或者害怕训练的麻烦和刻苦却渴望素质的优良，不大可能。所以，孩子与孩子之所以不一样，就是素质的不一样，是受训的不一样，是受训中的刻苦程度的不一样。

Y 同学在我们家客厅沙发上坐下后的短短几分钟，我们就同意了做她申请留学指导老师的请求。我们在她的眼神里读出了真诚和渴望，谁能拒绝一个诚恳而充满自信的孩子的要求呢？Y 同学很高兴，她流畅地向我们介绍了她的留学条件。她说她文化成绩不错，文体活动成绩也不赖；她说出国留学是她早有的打算，只是父母一直不同意；她说她已经掌握了许多留学申请的基本知识，只是还没有形成整体的计划，没有把握计划实施过程中的重点和难点。

Y 同学自然地诉说着她的急切心情，她每每用右手把她的长发捋向耳后，红红的脸更让人觉得真实可靠。她带有几分满意地说，正是因为父母不大过问她的学习情况因而给了她许多发展的时间和空间；正是因为父母在她留学问题上的模棱两可的态度更坚定了她自己的留学决心。她谦虚地说，她没有特别冒尖的特长，也没有高精尖的获奖证书，但她对成长中的几乎所有领域的学习都作了尝试并且都有一定的成绩，她说她虽然“质”上缺乏优势但“量”上大有竞争实力。

作者在美国加州州立理工学院

是啊，在某些领域能做出杰出成绩的孩子毕竟是凤毛麟角，而且，在留学的问题上，要想以绝对的优势击败其他竞争对手的“特殊领域”越来越小了，“特殊招数”也越来越少了。其实有许多的孩子像 Y 同学那样，看似平平，实则很有竞争实力。我们应该知道，各种训练中“量”的不断积累、积聚、积淀，必然会有素质上的“质”的飞跃，关键是孩子能不能坚持，关键是孩子有没有强大的耐久力。因此，在孩子留学的问题上，我们能不能在“量”上做文章，在“坚持”和“耐久力”上下工夫呢？

Y 同学走出我家的时候握着拳头，口里反复念叨着“坚持”“坚持”，样子很可爱。

说说留学生的潜质

“品质”“素质”之外，我们在对孩子作留学条件评估的时候，不能忘了“潜质”。

2012年2月，英国移民部长Damian Green宣布，在英国大学留学期间展露出企业家才华的国际学生，将获准留在英国发展自己的创意……这一规定对有商业创意而且也愿意留在英国的国际学生来说无疑是福音。该政策将从2012年4月起实行，签证申请最高可延长至两年。这一新的签证政策也将吸引更多的优秀毕业生赴英留学。

哈佛招生官威廉·菲兹西蒙斯（William Fitzsimmons）说：“哈佛力图培养世界的未来领袖，而我知道，未来领袖应该体验过不同的生活状态，了解不同的人生。”“我可不希望你们的引擎在到达哈佛大门前，就已经耗得没油了。”

在大多数人眼中，优秀的GPA（国内的学术成绩排名）、突出的语言考试成绩是申请国外牛校的必要条件。然而，我们会发现，每一年国际牛校发榜的时候，总会有一些成绩不算拔尖，托福、雅思、SAT等考试成绩不甚出色的学生被牛校录取。武汉籍学生陈若凡，托福没过100分，却拿到了哈佛大学、宾夕法尼亚大学、乔治亚理工大学、华盛顿大学圣路易斯分校等4所美国名校的录取通知书。

新任世行行长金墉出生于韩国首尔，5岁时随家人移居美国，在哈佛大学获得博士学位，他是非营利性质的“卫生伙伴组织”创始人之一。他曾任哈佛大学医学教授、世界卫生组织总干事顾问等职务。出任世行行长前担任美国达特茅斯学院校长。奥巴马当时提名这样一位医学专家为世行行长，就是立足于世界银行发展与人类发展相一致的理念，看重金墉身上的强大的人文精神。

以上四段文字，有一个共同的含义指向：国际社会、国际牛校看重人的潜质。那么国际上的那些牛校，关注留学生潜质的哪些方面呢？我们以陈若凡为例，把此话题略作展开。

“或许，这些大学看中我对专业的热爱和潜质吧。”陈若凡说，“从幼儿园起，我就喜欢画画，看大人做黑板画可以看一下午。父母从不逼我‘学技压身’。直到考大学时，父母‘强扭’我报考了‘钱景’无限的经济管理专业，但也妥协让我将心仪的建筑学专业列为备选。哪想我‘误打误撞’被调剂到建筑学专业，心想事成。我对绘画、雕塑都很擅长。在我递交给哈佛大学的作品集里，既有建筑作品，又有绘画、雕塑作品，每一笔每一画都是在传达让别人更了解自己的信息。”

从小喜欢绘画的孩子很多很多，但“看大人做黑板画可以看一下午”的不多。我们观察一个学生是不是真正爱好艺术，就是看他对艺术痴迷的程度。对艺术的如痴若狂，这是一个真正爱好艺术的人的本质属性，是艺术爱好者今后发展的潜质。一个人喜欢一种事物不稀奇，稀奇的是久久的喜欢，稀奇的是一辈子喜欢。倘若我们能找到孩子喜欢事物恒心的明证，我们也就找到了孩子这一方面的潜质。

“直到考大学时，父母‘强扭’我报考了‘钱景’无限的经济管理专业，但也妥协让我将心仪的建筑学专业列为备选。”聪明的陈若凡，没有像许多孩子那样，要么对父母言听计从，要么把父母的意见当作耳边风，他选择了两者兼顾。让父母“妥协”的一词的背后，一定有生动的充满着陈若凡创意智慧的故事。我们总是把“创意”“创新”“创造”当作是一种让人肃然起敬的东西，其实，一个人在细小的问题上流露出来的创新精神，本质上与大手笔的“创新”没有区别。

“去年，陈若凡还专门到巴黎、罗马等欧洲城市游历，去看科隆大教堂、罗马斗兽场等经典建筑。他将这些也写进了递交给哈佛大学的简历中。”

当然应该把这些写进简历中。什么是领袖品质？领袖品质不只是指那些“社团头目”“群体首领”之类的准头衔，更重要的是主宰自己研究领域的雄心和统领自己专业发展方向的壮志。科隆大教堂、罗马斗兽场，这些代表着人类艺术至高境界的艺术，了解它，研究它，为了什么呢？为了超越。当然，陈若凡今后能不能达到这种“超越”我无法回答，但这种自觉的行动已经具备了几分“不想当将军的士兵不是好士兵”的领袖品质。

我们以为，留学生的潜质有许多的因素，但有三个关键词是必须强调的，那就是：恒定追求，创新精神，领袖品格。

王之铭同学的话我们颇有同感

王之铭，南京师范大学附中学生，市中考状元、竞赛王子，被北大提前录取。不久，他又拿到了美国斯坦福大学的录取通知书，外加近150万人民币的助学金。

“短期的好并不能代表长期的成功……虽然我以前很喜欢玩，但这些玩掉的、消磨掉的时间真的就浪费掉了吗？从我的人生经历来看，这些‘废品’里很可能藏着千金不换的宝藏。”

说得真好。在教育变得越来越功利的今天，学生、老师和家长，我们都把目光聚焦在孩子学习的效率上。为了上重点学校，孩子本该有的娱乐休闲都没有了。我们都知道这样不对，但却都又在感叹“没办法”中违心地剥夺了孩子们的快乐。可恶的是，明明孩子们已经在考试的重压下痛苦着，却总是有人强要在应试教育的脸上贴上“素质教育”和“快乐教育”的标签，让老师“戴着镣铐跳舞”不说，还要让孩子们也强颜欢笑。我们怎样才能走出教育的这个怪圈？怎样让我们的孩子真正快乐起来？看来关键还是我们的老师和家长。老师若有让学生“考砸”的准备和“大不了不当老师”的勇气，校长若有宁可冒天下之大不韪而被指责“不负责任”的心理准备，家长若有“不考重点照样成长”的信心，孩子快乐起来的可能性就会大起来。老实说，天无绝人之路，社会上越来越多的孩子已经在别样的成长路上获得了成功。孩子的“玩”实在是太重要了，不“玩”的孩子是没大出息的。被我们潜意识里视作“废品”的“玩”里，可能，不，一定，蕴藏着千金不换的宝藏。

“我的妈妈是一位很有理念的母亲，她没有让我早早识字背诗学算术，而是培养我的艺术才能。从三岁半起，我就开始学习音乐和美术……我练了五年电子琴，从四级一直考到十级。美术则持续了更长的时间，一直学到临近小学毕业。”

王之铭的妈妈没有让王之铭早早识字背诗学算术，可能是因为她觉得艺术更加重要。我们不反对让孩子早早识字背诗学算术，每个孩子都有自己的特性，倘若有孩子对识字背诗学算术很有天赋，早早起步也是好事。“伤仲永”的故事本质上并没有否定仲永孩提时代的聪明和能耐，“伤仲永”的故事否定的是“没有持续发展”和“不能持续发展”。有很多能人他们的不凡是从少年时期开始的。你主张“大器晚成”，可以；我们坚信“自古英雄出少年”，也可。在孩子成长的问题上，我们也得有“多元”的意识。王之铭的妈妈让王之铭学艺术是一种自觉的行为，不能等同于社会上那些生活在集体无意识中的“别人的孩子学琴我的孩子也要学琴”的人云亦云的家长。学琴、学画、学舞蹈、学唱歌是孩子成长中天经地义的事。能坚持的，必有成就。有一定艺术修养的孩子比相对没有艺术修养的孩子具有对周边事物更多的敏感性（因为艺术让人敏感）。有强烈敏感的孩子，才是聪敏、聪明的孩子。有了聪敏，才会有更多的创意、创新和创造。王之铭的妈妈“很有理念”，值得我们学习。

“到了五六年级的时候，我的语文老师让我们写小说。这真是一个有趣的创举。每次我写的都是最多的，别人一章写四五百字，最多一千字，我则总是写到两三千，有一次甚至写了将近一万字。”

这个语文老师了不起。看看现在的语文课堂，有几个语文老师在鼓励学生写小说？小学五六年级的学生，凭借自己不多的小说阅读的经历，写起小说来一定不知“天高地厚”。但也就是这初生牛犊不怕虎的精神会使学生写出自己心目中的“小说”来。16 岁花季，我们常常让高一年级的学生写诗歌，把学生的诗歌（每个人的诗歌）编成册子，让善于设计的学生做上封面，像模像样的诗集，也着实让学生们兴奋好些日子。大家给诗集起名，有《短笛》《夕阳》《小贝壳》《朝花》，这些诗集大多都交给课代表组织传阅。我们认为，在诗一样的 16 岁时让学生们写诗，这是诗歌写作的最好时机。谁说十一二岁的孩子写出来的小说就不是小说呢？翁乔静（哈佛女孩）十岁就创作了《拯救尤涅帕格》，故事情节起伏，纯真的天性，让读者感动。

> “高二时我代表江苏省赴东北师大附中再战中国数学奥林匹克，顺利获得金牌并进入约五十人的国家集训队。就在那时，我获得了北京大学数学学院的预录取，提前摆脱了升学的烦恼。”

王之铭被誉为“竞赛王子”，各类竞赛的优异成绩，不但直接为他成长过程中的六次保送入学提供了条件，而且练就了他的不一般的竞赛品格。王之铭选择斯坦福，是因为喜欢它那里自由的氛围和多元的文化。申请文章第一篇他写的便是“用审美眼光看科学研究”，体现了竞赛奖项之外的竞赛的学习意义。目前，为了适应招生的需要开展的社会上的各类竞赛已经到了无以复加的地步，教育行政部门已经采取了积极的措施遏制这一已经给孩子的成长造成不良影响的坏态势。我们反对的是这种现象，我们不能反对竞赛本身。奥数，是开启孩子智慧的一道很重要的门。爱屋及乌，不行；恨屋及乌，也不行。在一个孩子的群体中，肯定有一些孩子是具有数理化学习的天赋的，让这些孩子爱其所爱，多一些竞赛肯定是好事。

总而言之，我们要坚持真实的原则，追求真实的教育，不能人云亦云，不能忽左忽右，不能再生活在“集体无意识”的惰性里。

“超多头录取”现象之我见

“美国佐治亚理工大学、弗吉尼亚大学、康奈尔大学、加州大学伯克利分校……”别人大多只有一份录取通知书，而 W 同学却拿出了一叠。看着这么多通知书，18 岁的他直到现在还有点儿“找不着北”：“8 所美国高校，每所都很好，选择念哪一所是我最近比较纠结的事。”

这 8 所美国的高校，都是世界名校。康奈尔大学，世界排名第 16，是著名的常春藤成员校；莱斯大学，被称为“南方哈佛”；加州大学伯克利分校和弗吉尼亚大学则更为我们所熟知，它们是美国排名第一和第二的公立大学。被 8 所名校同时录取，这足以证明曾伟是一个优秀的学生。

但是，我们要说的是，录取后的择校纠结，不应该。纠结，就说明留学准备还没有做到炉火纯青。

作者讲课中

RD 录取的学生一般都会获得不止一个学校的录取通知书，特别是中国的申请留学的学生，申请时唯恐不被录取，因此申请学校“多多益善”。许多学生都这么说：我已经为留学花了很大心血并且准备好了大笔的钱了，我还差这么申请的几个小环节和一些申请的小钱吗？是啊，为了确保申请的成功，RD 申请都得有梯度地选择几所学校，但并不是越多越好。考察那些留学申请的现象，我们会发现：越是优秀的学生，选择国外学校的定位就越精准；越是成绩不理想的学生，选择国外学校的定位就越宽泛越散漫。可以这么说，今天选择这几所国外大学，明天又改为那几所国外大学的学生，他们的留学准备一般来说都是草率和马虎的。高水准的学生，他们在选择前必然对自己的心仪的学校作出全面充分的了解，同时，也对自己进行全方位的升学条件评估。这是一种反复的比较和评估，这是一种无数次对录取“匹配度”的考量。要说“纠结”，那个阶段才是应该“纠结”的时段。那些美国的优秀的高中学生，他们在申请大学的时候，选择的学校不会太多。

所以，真正在递交申请材料以前已经把“功课”做得很熟的学生，他们口上说“纠结”“没把握”，实际上是有把握的。真正把申请准备“做到家”了的学生，在收到录取通知书的那一刻，他们会很激动，因为他们为了申请留学付出了别人难以了解的辛苦，但他们不会对录取结果表现出惊诧，因为这种录取结果是在他们自己的预设的情理之中。录取了，却不知道该去哪所学校，这说明对选择的那几所学校还没有真正了解，对自己的评估没有达到精准的地步。

我们常常把留学前的准备定位于托福、SAT考试和留学申请，这是不全面的。留学准备除了这些考试和申请工作之外，更重要的是对自己心仪的国外学校的详细具体的了解和对自己留学条件的精准的评估。W说他自己“纠结”，我想应该是一种谦虚，这种谦虚之词正好为新闻媒体的报道所用，因为媒体总是为了吸引别人的眼球而抓住那些诸如“纠结”之类的时尚醒目的词眼的。

我们不妨作这样的假设：如果W同学是真的“纠结”，（推论出）他的留学申请还有欠深入欠全面的地方，（推论出）W同学的申请级别有可能还有上升的空间。

再说Z同学的例子。

网上有消息：Z一举拿到包括普林斯顿大学、耶鲁大学、加州理工学院、斯坦福大学等17所美国大学和2所内地、香港大学的录取通知书，这19所学校都为其提供了全额奖学金。

Z同学的升学业绩了不起，这不容置疑，我在这里不再评说她的学业和能力，我也不想评说网上讨论的“Z被19所学校录取但最终只能选一所是否浪费了名校录取名额而影响别人录取的概率”的问题，我在这里只想对这个数字“19”作一些联想，谈谈我的看法。

为什么留学申请要申报19所学校呢？我觉得这是一种非常态。

倘若，申报19所学校是Z同学自己的“一意孤行”，那么，可以作这样的可能性推测：如果Z同学认为自己的申报没有多大的把握，所以提高申报的数量以增大录取的可能，能理解。多几所学校，本无可厚非，但这个数到了19，我们认为就“过了”。假如Z同学真的是没有把握而到了19这个数，那只能说明她申请工作没有做到家，或者说Z同学的自信有问题。如果是充满自信情况下的理性行为，那么只能解释为“为了扩大成绩”以强化“自豪感”。现在有这样的学生，申请美国牛校，同时申请国内的牛校。握着美国牛校的录取通知书，把国内牛校的录取通知书烧了。为什么会这样，原因很难说清，但这种现象，虽然为数不多，却值得我们业内人士注意和警惕。这种留学申请大获成功却丢了“家国情怀”的现象，我们的心里，肯定不是滋味。

倘若申报19所学校是父母的“正确指导”，那么，我们作这样的可能性推测：要么是父母不懂留学而“广撒渔网”（这种情况能理解），要么就是扩大“战果”以“扬眉吐气”（这种情况不可取）。留学不能讲“面子”，留学常常是“面子害了孩子”。因为别人家的孩子留学，所以我家的孩子也得留学；因为别人家的孩子录取了8所，所以我家的孩子就得争取录取16所。这种攀比，本质上是“面子”在作祟，是留学动机不纯的另一种表现。

倘若申报19所学校是中介的“怂恿”，那么，我们作这样的可能性推测：要么是中介对Z不了解以扩大申请的成功率，要么就是用这“19”以显示本中介的能量，制造事后可以“炒作”的新闻卖点。前一种可能性很小。提高中介自己的“效度”和“信度”以扩大自己的业务范围和工作业绩，本无可厚非，但倘若很少顾及甚至绝不顾及服务对象的利益而“唯‘效度’‘信度’是图”，那就太不应该了。中介应该是亦商亦教之角色，商学有道，商教有道，我们不能丢了自己的社会责任啊！至于网上中介关于“不会影响别人录取”的“王顾左右而言他”的结论，只要我们细细分析，完全更能弄懂它为中介“说话”的潜台词。什么事都得适度，倘若有“兴趣”，完全可以让孩子再加20所、30所学校的申请，到时可以收到20、30份的录取通知书，只要这些大学的排名在孩子申请真实定位的后面就可以了。至于网上以“19所学校争抢”之言做标题，那更是无稽之谈，你能告诉我们他们是怎样“争抢”吗？国际上的学校录取也像我们普通高中录取那样深入学校班级、深入家庭作动员吗？

写这篇文章，意在告诉我们的孩子和家长留学的真实。

韦鸣恩的故事有丰富的教育内涵

韦鸣恩，祖籍广东，父母于20世纪70年代移民到英国。1977年1月19日，韦鸣恩出生在英国伦敦东区街道贫民窟。上中学，韦鸣恩每天放学后去刷盘子、洗车以补贴家用。1995年，韦鸣恩考入牛津大学，主修现代语言与德文。他积极参加团体活动，带领同学做义工搞社团。1999年毕业，韦鸣恩进入大名鼎鼎的麦肯锡公司，负责公益创投与风险投资，先后赴亚洲、美国与非洲分公司独当一面主持工作。3 年后辞去三百万美金的高薪职位，转投到社会公共事务中。25 岁，韦鸣恩创立“以教为先”公益组织。2005 年底，英国保守党领导人卡梅伦首次约见韦鸣恩。2010 年 6 月，经过卡梅伦的推荐，女王封韦鸣恩为男爵。

读着韦鸣恩的故事，想着孩子成长的问题，我们提出以下三点，算是旧理重提吧，与各位家长共勉：

1. 无论是西方社会还是东方世界，做一个善良的好人，这是中西文化对人类自身的共同的要求。美国、英国、加拿大、澳大利亚等国家，在录取中国留学生的过程中都非常看好社会实践中的慈善这一项。“人之初，性本善，性相近，习相远”的含义，中国人理解，外国人也理解。西方社会存在着许多邪恶的东西，甚至这种反人类的邪恶有时到了无法形容的地步，但人们祈求平宁和美好之心永存，赞美善良和宽容之心永存。西方贵族的历史，盎格鲁斯人的历史，本质上都流淌着正义善良的“血液”。莎士比亚的四大悲剧，无论是《哈姆雷特》（Hamlet）还是《奥赛罗》（Othello），无论是《李尔王》（King Lear）还是《麦克白》（Macbeth），酣畅淋漓的悲剧，每一剧都在人们心中留下对正义和善良的赞美，留下人们对未来平宁美好生活的希望。中国的基础教育在孩子成长设计上重视孩子的良好习惯，我们的教师和家长在孩子习惯的养成上下了很大的工夫，这没有错，但是，我们在孩子的“善心”和“爱心”的培育上还很不够。我们以为，这“善良”和“热爱”之心的培育应该放在“习惯”养成之前，比“习惯”重要得多。

2. 韦鸣恩是从“补贴家用”以减轻父母的压力开始发展他的“慈善”之心的。父母的生活苦难，常常就是孩子善和爱的土壤，所以，我们当家长的，让孩子分担家庭生活的压力，这是培养孩子善爱之心和坚强毅力的一条良好途径。听到过许多父母装穷教子的故事，也听到过许多阔人比富的传说，这些故事和传说，无非都在不断重复着“穷人的孩子早当家”和“由俭入奢易，由奢入俭难”的古训。男孩要穷养，很有道理；女孩要富养，也不能失去了勤俭的本性。韦鸣恩读书在贫民区学校，学费全免，但环境糟糕，而韦鸣恩恰恰就在这种打架、吸毒、偷窃、赌博等充满末世感的疯狂气氛中，练就了一项“特异功能”——哪怕教室里乱成一锅粥，他依旧能泰然自若地伏案学习，岿然不动。厦门教育学院章立早教育语录中有一句：“把一流的学生培养成一流的人才的教师，只能算是三流的教师；把非一流的学生培养成一流的人才的教师，才是真正一流的教师。任何一个教育家都是因为对非一流的学生的培养获得成功而成为真正的教育家的。”把这种思想用在孩子成长的问题上，我们可以说：真正有能力有前途的孩子，都是从艰苦环境中磨炼成长的。或者说，在逆境中生存并成长起来的孩子才是最有本事的孩子。这些道理很浅显，但我们当家长的，常常被孩子成长中的一些具体问题迷住了眼，面对速成利益的诱惑，常常把它束之高阁。

3. 人生中有“机会”，但“机会”都得有成本和代价。有一次，韦鸣恩在一家西餐馆洗碗时，因为急性阑尾炎忽然腹如刀绞，可他怕被人以为是“偷奸耍滑”，没有请假休息而终于昏倒在地。以严苛和“抠门”著称的餐馆老板，被韦鸣恩的勤劳和坚毅打动……后来，老板请韦鸣恩给自己的一双儿女做家教，薪水是洗碗的 3 倍……后来，老板的漂亮女儿考进剑桥大学……后来，老板的漂亮女儿成了韦鸣恩的妻子……再后来，英国保守党领导人卡梅伦首次约见……再后来，女王封韦鸣恩为男爵……机会代价又称机会成本，是经济学的一个很重要的概念。任何选择行为都会有机会代价。人的成长过程要做出很多选择，选择的机会成本会随着时间的增加而增加。这也是很浅显的道理。人生有时很富有戏剧性，我们看似意想不到的成功，实则是一种努力后的必然。巴西的蝴蝶扇动一下翅膀就形成了美国德克萨斯州的龙卷风，这看似风马牛不相及的事情，实际上包含着必然的规律，只是尚未被人类破解而已。所以，我们有时在孩子成长问题上，反复思考认真比较而认定一个目标之后的“只问播种，不问收获”的态度和方法，实在是一种教育的大智慧。

韦鸣恩的故事，很丰富；孩子成长的道理，我们还得不断重提。

郑筱颖，一个把留学准备做得很完美的女孩

有一个把留学准备做得很完美的女孩，她的名字叫郑筱颖，宁波镇海蛟川书

院 A-Level 课程班的学生。不久前收到了美国弗吉尼亚大学（University of Virginia）大学的录取通知书。按照 2011 年美国大学综合排名，美国弗吉尼亚大学为 25 名，与加州大学洛杉矶分校齐名。

收到通知书，着实让郑筱颖高兴了好一阵，因为被美国弗吉尼亚大学录取，超出了她的预期。两年前通过关系，她的父母找到了我们，于是我们担当了筱颖留学申请的指导老师之职。我们向她以及她的父母详细介绍了我们女儿当时留学申请的全过程，并帮她一起做好了留学前的学习计划。两年中，筱颖就按照我们一起达成的计划，一步一步地走过来了。

按照我们的设计，筱颖首先要重视的是社会实践。筱颖是一个很不错的女孩，用功自不必说，说话做事，低调踏实。几年的中学生涯中，她在父母的大力支持下，参加了许多社会实践活动。从她的申请材料文本中，我们看到了她参加社会实践的数量和质量。做过此类活动的孩子和家长都有这样的体会：每做一次此类的活动，都要花去我们许多的精力，因为活动本身不复杂，复杂的是活动前期的工作以及为了取得活动必须实现的真实目标、提升活动的质量而制订的详细的设计和计划。我们在这里不想罗列她的社会实践活动，因为我们不想别的孩子刻板地如法炮制。可以这么说，我们想到的社会实践活动，筱颖都认真地作了尝试，其中有几项是做得很成功而且很有成绩的。无论什么活动，活动本身总是有局限的，但活动拓宽了孩子的视野，增强了孩子的生活阅历，意义就大了。我们明显地感觉到，筱颖的进步和成长是紧密地伴随着她社会实践活动的脚步的。

留学计划中涉及托福考试。托福，让筱颖沮丧过。考试不顺利，当然窝心；成绩不理想，当然心烦。摆在眼前的托福成绩，让筱颖意识到自己可能进不了美国前 50 名的学校了，但是，这女孩的可爱之处就在于“不放弃”。随着生活条件的改善，社会上越来越多的女孩失去了坚持的品质和刻苦的毅力，但筱颖不是。父母的鼓励，老师的激励，让筱颖抱定了一个目标，一定要让自己的托福成绩进入美国前 50 名学校的要求范围，哪怕考一次只增加一分，也绝不放弃。

在递交留学申请的这一段时间里，我们联系的频度很高。记不清她的 PS 写了几稿又改了几稿。她的前三稿 PS 都不能让我们满意，我们知道这肯定让她很伤心的。而且，为了她的PS写作达到预期的目标，我们的指导意见也是直截了当，语言直白而犀利。筱颖能接受我们的意见和建议，她的承受力超出了我们的估计，因为以前有学生，承受不了严格要求而退缩，筱颖她做得不错。她遇到困难不气馁的那种表现，强化了我们对她的好感。世界名校招的是有很强心理承受能力的学生，要想进入此类名校，首先得接受这种“严厉”的检验。听不得批评，缺乏“有容乃大”之气的学生是不行的。“要留学先成人”，中国人这样想，美国人也这样想。我们的指导与被指导的交流大多是在网上完成的，晚上十点十一点，我的电脑就会不断传来QQ“嘀嘀”的提示声。这是一个女孩不懈努力的声音，这是一个女孩渴望成功渴望帮助的心声，这声音让人感动，让人踏实，更让人欣慰。

我们一直认为，在留学问题上，“申请成功”不等于“成功申请”，孩子“跳一跳摘到苹果”的成功才是真正的成功，所以，郑筱颖的留学申请是一个很好的成功案例。

哈佛男生张添勇

张添勇是宁波华茂外国语学校的初中毕业生，去年成功考取世界顶级牛校哈佛大学商学院MBA。张添勇取得如此骄人的成绩，让一部分老师和同学“想不到”。但是，熟知张添勇的老师和亲人，他们一致认为张添勇考取哈佛的MBA是情理之中的事，是一种水到渠成。

带着这个问题，我们在张添勇的外公那里作了比较全面的了解。

张添勇就读华茂外国语学校初中的时候给老师们的印象是考试成绩平平但极其喜欢篮球运动。华外是一所注重学校多元发展的学校，有“承认差异，提供选择，开发潜能，多元发展”的十六字教育理念，从学校初创开始，就一直坚持这一办学的理念。在华外，像张添勇这样的学生很多很多。他们天资聪颖，他们活泼好动，他们会为了一个自己认定的目标“走到底”。目前，在应试教育还没有本质改变的情况下，这些孩子的学习和进步还是不能得到社会的百分之百一致的肯定，这也是情理之中的事，所以张添勇的这一傲人成绩让一部分人觉得突然，这也是自然的事。我们认为，学龄少年中“会打篮球的孩子是好孩子，只会打篮球的孩子并不一定是好孩子”。张添勇打篮球之外的能力和品质，许多人没有发现。

美国人为什么那么重视体育精神，因为它培养人的毅力和品性，发展人的情商。

张添勇的成功，给我们提出了一个很值得研究的问题：什么才是孩子真实的成长？随着教育改革的深化，我们会越来越感觉到，应试教育下有许多孩子的成长其实是一种“伪成长”，应试教育下的教育的许多所谓的成功是一种“失去灵魂的卓越”。

张添勇的外公告诉我们，张添勇高中学习是在加拿大，在那种与中国的教育有本质区别的环境中，他继续保持了那种“韧性”，他的学习和发展的路走得更宽。张添勇本来是报考加州理工的研究生的，外公以及爸爸妈妈仔细考察了他的学习状况后，把研究生的报考目标作了调整，改为哈佛的MBA。亲人们的激励和支持触发了张添勇奋斗的那根“神经”。目标一经确定，那种“头悬梁锥刺股”的学习劲头一发不可收。

作者在麻省理工学院

有了一个明确的奋斗目标的孩子，他们即使苦一点也觉得很幸福。相反有多少孩子，他们的苦就“苦”在没有设计、没有规划、没有目标的迷茫里。老师和家长，我们为什么不能在孩子的规划和设计上下点功夫呢？

张添勇的外公告诉我们，目标确定之后，他们制订了详细的“奋斗”计划，宏观的设计，中观的行动，微观的细节，张添勇一步一个脚印地实施着自己的行动计划，付出了常人难以想象的艰辛。词汇的大量记忆，专业掌握的深度，对社会的全面了解……这些学习行动，让张添勇“痛着，并快乐着”。张添勇的外公说：“不说别的，就说面试中前半个小时的‘冷板凳’已经够你受的了。”（MBA 面试官常常用一种冷淡甚至冷酷的面孔考验被面试者的心理承受能力）张添勇的面试很成功，但是有谁知道，走出考场的他，汗已经湿透了他的衬衣。

是啊，我们总是羡慕别人的成功，但却总是把别人的成功归结为别人家特有而自家没法达到的某些优越的条件，没有从主观上找自己的原因。父母的爱都是一样的，面对孩子的困难都会心软、心酸。成功的家长，他们站得更高所以看得更远。孩子的成长路上有许多次“起跑”的机会，所以，我们认为，起跑线上的输赢不重要，重要的是“谁笑到最后，谁笑得最好”。

“蜗牛爬上了山顶，便拥有了鹰的视野。”俞敏洪说得真好。

哈佛女孩翁乔静

翁乔静是我们的侄女，2012 年 3 月 31 日被哈佛本科录取，成了继姐姐翁乔怡之后我家的又一个哈佛女孩。

翁乔静被哈佛录取，让我们这个大家庭欢呼雀跃。平静心波之后，我们觉得这其实是情理之中的事。

乔静是我们大家庭六个孩子中最善解人意的一个，她从小就表现出了非凡的理家能力。对爸爸妈妈的辛苦深刻理解自不必说，对弟弟的照顾和谦让、对姐姐的友爱和帮助都表现得相当出色。女孩的可人表现，她都拥有；女孩的温柔体贴，她都体现。一容一颦、一举一动，让人心生怜爱。在我们的印象里，哈佛女孩应该是“强女孩”，但乔静不是，乔静与“强女孩”的形象相去甚远。

乔静 11 岁，玩着写童话故事，《拯救尤尼帕格》是她比较成功的一篇。《拯救尤尼帕格》写出了她幼小心灵里的正义、善良和友爱。因为写得纯粹、写得自然，再加上朴素流畅的英文表达，读来让人感动。在表姐李乔双（当时 15 岁）的帮助下翻译成汉语，编入她们的共同著作《走出父母的拥抱》。尤尼帕格是有翅膀的类神马，会想会说，会笑会哭，小孩子有的思想和表情，它都拥有。这种生活的真实感，在成年人的文学形象里很难找到。尤尼帕格的自然成长，实际上就是乔静自己的自然成长。儿童成长的自然而不扭曲，生成了乔静温和而大气的品格。这种温和开朗的阳光感，人见人爱；这种温和开朗的阳光感，化解了乔静学习成长中的困难，融化了面对挫折时的沮丧。这值得我们做父母的思考：成长，首先要让孩子生活在“阳光”里。

乔静的成长设计师是她的爸爸妈妈，因为他们长期生活在国外，所以我们对他们的成长设计的内容和方法，了解不多。每年暑假回国与大家庭团聚，乔静与她姐姐和弟弟的行程安排（他们的 LIST），都明显地带有规划设计的痕迹。从李惠利中学的随班跟读到宁波少年宫的写作训练，从宁波二中的课堂体验到达敏学校的活动参与，父母的安排，煞费苦心而又不露痕迹。一切都像是有意安排的，一切又都像是顺理成章的。是啊，孩子的成长必须缺什么补什么。孩子成长设计要本着“教育的全面”和“全面的教育”的原则，我们不能为了孩子的特长和个性的追求忘记了全面发展。乔静在中国度假的不长的时间里补上中国文化和艺术这一课，这是成长设计中的必需。乔静的成功，是成长设计的成功，是“全面教育”和“教育全面”的成功。

不要听信别人的“异样成功”和“侥幸成功”，孩子成长里没有“神话”！

教育是实实在在的事，成长离不开脚踏实地的努力！

乔静每天的体育锻炼，那样准时那样自觉；乔静的读书和作业总是见缝插针，随时随地；乔静的饮食随意中露出刻意，随心中露出节制。这些都归结为两个字——习惯。良好的习惯一旦养成，我们就奠定了孩子健康成长的基础；优秀的习惯一旦生成，我们就能断定该孩子必然超越她的同龄人。旁人看到的是乔静出色的 SAT 成绩，我们看到的是乔静的优秀的“习惯”。是啊，这“习惯”太重要了，家长所有的工作，不就是围绕着这两个字吗？这两个字引出的甜酸苦辣，也只有“深”在其中的父母才能体会到。

所以，乔静被哈佛录取，虽然是情理之中，水到渠成，但是着实让我们热泪盈眶，心中涌动着热流。为什么激动？为什么流泪？那是因为乔静的录取，又一次拨动了我们为了孩子殚精竭虑、牵肠挂肚的神经，引发了我们充满艰辛的百感交集的回忆。

刘天宇并非因为“玩魔方”进了哈佛

南京外国语学校高三（3）班男生刘天宇刚刚被世界顶级名校哈佛大学全奖录取，大学四年可获得约120万元人民币的奖学金。有报道说：“谁说玩没有用，刘天宇就因为魔方玩得好，轻松获得哈佛面试官的青睐。”

我们不大认同这种报道的口吻，刘天宇被哈佛录取，不是因为“玩魔方”。“玩魔方”，仅仅是他被哈佛录取的一个“窗口”而已。透过这扇窗口，哈佛的招生官看到了刘天宇的“本质属性”；透过这扇窗，面试官发现了刘天宇极强的理科思维，发现了他长时间积淀的优秀的人文素养。刘天宇成绩优异，SAT1和SAT2考了双满分，他找到了“连贯记忆”的小窍门，看英文原版小说。他爱“模联”活动，他具有“精英意识、领袖气质”。

我们不能把那些被美国牛校录取的学生的录取原因归结到某种特殊的“异样”或“侥幸”。老实说，那些牛校的招生官，他们不是傻瓜，他们都是真正懂得教育，了解并且能摸透中国学生的高手。

进入世界名校，靠的不是“异样”和“侥幸”，靠的是学生的真实本领。

是的，世界名校追求学生的个性特长，因为个性特长的表象背后有许多“背景”：魔方后面是专注和思维，演讲后面是思想和经历，著作后面是综合素质，是创意、创新、创造。所以，我们作为家长，不能在孩子培养的问题上听信有些不实之词而投机取巧地设计孩子的成长。冒险精神、创新意识、领袖品格、善良品性，这些国际牛校的录取要求，都得通过具体而扎实的设计和实施的途径。想获得别人一样的成功，却不肯花工夫脚踏实地地去努力，牛校的门永远不会为我们而开。

参加了一次国外的夏令营，就以为孩子有了教育的“国际背景”？参加了一次志愿者活动，就以为造就了孩子善良的品质？只要我们详细了解成功者的实际，我们会发现每一个成功者的背后都是一种全面的努力。

特色教育，教育特色；个性特长，特长个性。这些，我们都得全面地看待。

教育是一种扎实的行动。任何学校的特色教育，若没有坚实的全面教育作为支撑，都会昙花一现；任何把对孩子的设计仅仅定位于特长却没有扎实的全面教育跟进的，都是枉费心机。教育不会一蹴而就，教育不能投机取巧。在对孩子的宏观的成长设计里，我们必须有许多中观的设计，有许多的微观设计。这些中观和微观，让孩子的成长显得具体丰富和扎实。刘天宇是这样，易菲菲是这样，吉令旭是这样，小杨成、常艺凡、汤枚捷都是这样。

汤玫捷在介绍自己成功经验时说过："我读书的面非常广，主要是集中在文、史、哲、艺术，我比较喜欢看的小说是卡尔维诺的小说，也喜欢看乔治·奥威尔的小说。我很喜欢看哲学，我喜欢看古希腊哲学家的东西，因为它们最本色。哲学到了近代以后，有我很不喜欢的东西，因为很多哲学家已经在解释不出问题的时候，又引进一个概念，然后会发现整本书之所以难懂，是因为他自己也没有搞清楚这个概念。这已经和古希腊的自然哲学离得很远了。我还会去读一些艺术史和艺术评论，像拉奥孔的书。对莎士比亚、乔叟的作品，我也比较感兴趣，在美国研究了很多。"我们可以想象，要形成自己的文学、历史、哲学和艺术的扎实的功底，汤玫捷同学得花多少的精力去设计一个个学习计划，去处理解决这一个个计划实施过程中碰到的一个个具体的问题。总之一句话：哈佛的男孩和女孩，每一个都是全面发展的学生。

所以，我们在孩子成长的问题上，不能"偏听"，因为在留学的问题上，不真实的报道实在太多。我们得用自己的智慧，辨别真伪，去芜存菁。在借鉴别人家孩子成功经验的问题上，我们想用鲁迅先生《拿来主义》中的一句话，与大家共勉："我们要运用脑髓，放出眼光，自己来拿。"

说说杭二中的鲁林希

鲁林希是杭二中的高三在读学生，扎马尾辫，戴黑框眼镜，笑容可爱。与人交流，落落大方，侃侃而谈。日前收到了排名全美前 15 的华盛顿大学圣路易斯分校录取通知书。为了更好地体验生活，接受生活的锻炼，鲁林希在网上发出一

条求职微博后，短短两天，就有20多位家长找上门，要聘她当家教

微博求职，鲁林希不是为了赚钱，她说："选择留学美国，也是因为我不喜欢国内一眼可以望到头的升学求职路。而去美国留学，未来充满未知数，能找到我期待的激情。我喜欢与人沟通，今后想往教育和心理方面发展，现在刚好有半年的空档期，就想实践一下。"她小学五年级就考到了钢琴10级，她去过琴行申请当陪练，也去过咖啡厅要求当钢琴伴奏，但都没成功。这些天，鲁林希接受了两份初中学生的家教，她在微博上说：翻开初中课本，我也要重走一回"青春"。

鲁林希总结自己被名校录取的两个原因：一是自我介绍写得与众不同，二是用博弈论选择报考学校。她在PS里就写了两件事：一件是暑假回景宁老家，每天陪太婆聊天。另一件是和爸爸妈妈组织亲子夏令营。夏令营里，老爸负责给孩子们上课，传授学习方法；鲁林希则负责给家长上课，讲讲孩子的想法。

她说："我告诉这些爸妈，孩子谈恋爱怎么办？没收手机这种办法是孩子最反感的，容易激起孩子的逆反心，最重要的是了解孩子的生活状况。像我和妈妈就沟通得很好，班里每个同学，我妈都认识，我欣赏哪位男生，也会告诉妈妈，她从来不担心我在这方面会出格。"

谈到学校申请的策略，鲁林希说："一般5、6月考SAT拿到2200到2300高分的学生，会一门心思冲全美前5的大学，而10月底那次SAT比较难，很多人分数不高，我估计他们要么放弃提前申请，要么选择冲15到20位的学校。所以我捡了个空档，用2050分的SAT成绩，申请排名10到15位的学校，结果成了。"

鲁林希平时成绩不错，但不是学霸，也不强势。托福110分，年级排名30名左右。不是特别用功，但很善于用功。她把学习方法总结为三点：重视纠错，整理归纳，会问问题。她读初三时定了一个可爱的目标：读高一，要让全年级同学都认识自己；读高二，要让校长和其他年级的人认识自己。事实上她提前达成了这样的目标：高一下学期组织长三角学生领袖分论坛，开幕当天，校长叶翠微就喊出了她的名字。

看淡分数，在乎经历，这是鲁林希一贯的学习成长的态度。计划表上除了应付会考、学习AP课程和外语之外就是义工或打工的生活体验的内容。打工路上虽然屡屡碰壁，但计划和构想一直没有断过。